ELOGIOS
DECLARO L

«Todos somos creados a imagen de Dios. No tenemos q
tivos de nuestros sentimientos. Ni tenemos que hacer cosas que
no nos agraden. Los errores no tienen que definirnos ni nuestros
fracasos, ni nuestros pecados. ¡Eso es tremendo! Sin embargo, ¿con
qué frecuencia nos alejamos de esa verdad? Una de las razones por
las que admiro y respeto a Levi es por su transparencia y por su
búsqueda de la verdad. Él no evade lo arduo ni lo burdo. A través
de su experiencia, se esmera por ayudar a otros a dejar sus propios
esfuerzos para que se encaminen a lo que Dios quiere que sean.
¡Este libro te ayudará a hacer eso precisamente!».

—**TIM TEBOW**, ganador del Trofeo
Heisman y autor *best seller* de la
lista del *New York Times*

«Cada verdad que he leído en esta obra ha generado en mí una
nueva libertad. Tanto que cuando las cadenas del "pensamiento
erróneo" se precipitaron audiblemente, apenas me di cuenta por
lo maravillado que estaba con la extraordinaria alegría y fortaleza
que me produjo el "pensamiento correcto". Todas las dudas que
puedas albergar sobre la lectura de este libro constituyen la razón
por la que lo necesitas. Léelo y asume una posición por tu futuro».

—**STORMY**, de California

«El nuevo libro de mi amigo Levi no pudo llegar en mejor momento.
Como bien sabemos, la ansiedad, la depresión y el suicidio están
aumentando en nuestro mundo actual. En *Declaro la guerra*, Levi
nos brinda un manual excelente para lidiar con las batallas que
enfrentamos a diario».

—**STEVEN FURTICK**, pastor de la
congregación Elevation Church y autor
best seller de la lista del *New York Times*

«Creo que el mensaje de *Declaro la guerra* es inspirado directamente por Dios, que satisface a las personas en el punto en que estén y que es aplicable en todas las áreas de sus vidas. El estilo de Levi es humorístico, perspicaz y extremadamente contable. Me encantan los pasos que este libro expone para perseguir activamente la transformación».

—**LUKE**, de Ontario

«Levi entiende particularmente que la batalla más difícil es la que libramos contra nosotros mismos. Por eso agradezco tanto que haya vertido, en las páginas de este libro, la sapiencia bíblica que ha adquirido. Las herramientas prácticas, la enseñanza de las Escrituras y la guía confiable que yacen en *Declaro la guerra* son invalorables para cualquiera que anhele abrazar la victoria en su propia vida».

—**LYSA TERKEURST**, autora *best seller*
de la lista del *New York Times*;
presidenta de Proverbs 31 Ministries

«Este libro es para personas que están cansadas de dejar que las circunstancias y los hábitos controlen sus vidas. La guerra espiritual no es algo que deba tomarse a la ligera y este libro proporciona métodos prácticos no solo para participar en ella, sino también para dominarla. Levi Lusko es una voz muy necesaria para esta generación. Definitivamente, ¡tienes que leer este libro!».

—**JORDAN**, de Carolina del Norte

«Resuelto. Honesto. Puntual. Hay un campo de batalla en el que todos hacemos la guerra siempre: el campo minado de nuestras mentes, nuestros corazones y nuestras almas. "Soy mi propio peor enemigo", no es solo un eslogan tomado de la cultura popular, sino una realidad espiritual que mi amigo el pastor Levi Lusko revela hábilmente en *Declaro la guerra*. Esta obra está llena de herramientas y armas en tu lucha contra el engañoso poder de la carne y por las cosas hermosas que Dios tiene para ti. Mantenlo cerca; ¡Tu vida y tu eternidad dependen de cómo luches en esta batalla!».

–LOUIE GIGLIO, pastor de la congregación
Passion City Church; y fundador
de Passion Conferences

«*Declaro la guerra* es verdaderamente transformador. Encendió un fuego en mí que no se extinguirá pronto. Este libro tiene el poder de cambiar e influir a toda una generación, lo que decisivamente comenzó conmigo».

–RG, de Illinois

«La vida de una persona casi siempre es reflejo de lo que piensa». A su vez, muchas de las batallas de la vida se ganan o se pierden en la mente. Es por eso que querrás leer y estudiar —una vez tras otra—, el nuevo libro del pastor Levi Lusko: *Declaro la guerra*. En esta poderosa y útil exposición, el pastor Levi nos enseña hábilmente a capturar nuestros pensamientos negativos, ansiosos, temerosos, celosos y falsos, de modo que los remplacemos con la verdad de Dios. Si tus pensamientos han estado entorpeciendo el propósito de Dios contigo, es hora de declarar la guerra».

–GRAIG GROESCHEL, pastor principal de
la congregación Life.Church; y autor
best seller del *New York Times*

«*Declaro la guerra* habló a mi corazón y mi mente de una manera poderosa y profundamente impactante. Este libro, que alberga incontables horas de investigación, estudio, escritura y herramientas útiles, capacita a todos los lectores para facilitar la transformación de sus vidas y convertirse en la versión de sí mismos que anhelan. *Declaro la guerra* es, sin lugar a dudas, uno de mis libros favoritos sobre este tema».

–DARIEN, de Alberta

«¡Estoy fascinado! Demasiados creyentes están perdiendo una batalla que Jesús ganó —hace más de dos mil años—, al derrotar a la muerte y al sepulcro. Y Levi tiene razón: declarar la guerra a la ansiedad, al miedo y a la depresión es el enfoque correcto. Debes leer este libro si deseas algo más que estímulo y frases sencillas. Hallarás una ayuda valiosa y pasos concretos a dar para librarte de las cosas que te atan».

—**JENTEZEN FRANKLIN**, pastor principal
de la congregación Free Chapel; autor
best seller del *New York Times*

«*Declaro la guerra* es un grito de batalla para una generación que lucha por un acceso libre a cada aspecto del conocimiento humano y qué hacer con él. Levi nos da un claro grito de batalla con el fin de que enfrentemos a nuestros demonios más profundos y cambiemos verdaderamente al mundo».

—**CASEY**, de Carolina del Norte

«Si estás satisfecho con tu disfunción y te sientes cómodo con tu complacencia, este libro no es para ti. *Declaro la guerra* no solo descubrirá tus malos hábitos, sino que también sacudirá los cimientos en los que se basan. Pero si estás listo para un cambio radical en tu vida, entonces abre estas páginas y estúdialas. Cruza la cerca de alambre de púas. Declara la guerra y observa cómo es una vida desinhibida por el comportamiento disfuncional».

—**ANDY STANLEY**, pastor principal de
North Point Church; autor del libro
Irresistible: *Reclaiming the New that
Jesus Unleashed for the World*

«Levi Lusko transmite verdades bíblicas, claridad, humor, legibilidad, ánimo y amor intenso con el objeto de inducir a los lectores a declarar la guerra a la persona que no quieren ser. Al aprender a abordar sus pensamientos, sentimientos y acciones aprovechando

—de manera simultánea— el poder del Espíritu Santo, los lectores pueden esperar que surja un lobo en sus corazones de modo que rompan las cadenas del pecado y ganen la guerra interior».

—**MORGAN**, de Alabama

«Levi es alguien que merece ser escuchado. Todo lo que él dice hay que difundirlo. En *Declaro la guerra*, Levi no solo es sensible a las luchas que ha sufrido y que todos tenemos, sino que además nos prepara con enseñanzas y armas que nos ayudan a finalizar las batallas de toda la vida. Este libro nos ayudará a triunfar en la medida en que nos esforcemos por pasar a la historia como una generación saludable y fuerte».

—**SADIE ROBERTSON**, autora de *Live Fearless*

«Este libro te cautiva en una manera que te inspira a contraatacar. *Declaro la guerra* es primordial, para cada uno de nosotros. Es como un arsenal contra el enemigo y los pensamientos que impiden que disfrutes la vida que Dios tiene para ti. Recomendaré esta obra a todo aquel que se me presente y que esté en plena batalla».

—**JESSE**, de Texas

«Cada vez que me encuentro con Levi Lusko quedo más fuerte y más animado. Este nuevo libro promete hacer el mismo impacto en todos los que lo lean».

—**MAX LUCADO**, pastor y autor *best seller* de *Esperanza inconmovible*

«Capítulo tras capítulo me topé con casos exactamente iguales a los que enfrento. Me tocó en lo más profundo y me hizo llorar varias veces. Este libro no se parece a ningún otro. Es cautivante porque se identifica con gran parte de tu vida; y te ayuda a aprender cómo ganar la guerra contra el maligno».

—**HAILEY**, de Kentucky

«*Declaro la guerra* es un profundo y poderoso desafío a elevar la verdad de las Escrituras por encima de cualquier circunstancia que puedas enfrentar, de modo que hagas tuya la victoria que Jesús ganó por ti. La historia personal de Levi y su lucha contra la oscuridad te alentará en tu propia batalla».

—**CHRISTINE CAINE**, autora *best seller*; fundadora de la Campaña A21 y de Propel Women

«Puedo decir con confianza que, al leer este libro, empecé a sentir esperanza otra vez. Ello me ha permitido analizar y procesar lo que tengo que hacer para declarar no solo la guerra sino la *victoria* final sobre mis pensamientos y mi mente».

—**MARISA**, de Colorado

Declaro la Guerra

También de Levi Lusko

A través de los ojos del león

DECLARO LA GUERRA

CUATRO CLAVES PARA GANAR
LA BATALLA CONTIGO MISMO

LEVI LUSKO

GRUPO NELSON
Desde 1798

NASHVILLE   MÉXICO DF.   RÍO DE JANEIRO

Editora en Jefe: *Graciela Lelli*
Traducción: *Eugenio Orellana*
Adaptación del diseño al español: *Grupo Nivel Uno, Inc.*

ISBN: 978-1-41859-853-2

Impreso en Estados Unidos de América

19 20 21 22 LSC 9 8 7 6 5 4 3 2 1

*A cada familiar, amigo, colega o extraño
que haya tenido un encuentro desagradable
con la versión de mí que no quiero ser.*

CONTENIDO

Introducción: Cuando el lobo despierta   xv

CARTA 1: DECLARA LA GUERRA A LO QUE PIENSAS

1. El lobo que nunca supiste que querías ser   3
2. ¿(+) o (-)?   17
3. Con el TSA en la mente   37
4. El secreto de una vida miserable   51

CARTA 2: DECLARA LA GUERRA A LO QUE DICES

5. Mide tus palabras   71
6. Si tú lo dices   87
7. Ser grosero tiene un costo   103

CARTA 3: DECLARA LA GUERRA A LO QUE HACES

8. Recupera los controles   125
9. Comienza antes de que estés listo   139
10. El juego antes del juego   153

CARTA 4: PODER FALSO

11. Nunca pongas a un caballo a pelear contra
un tanque   175
12. Águilas y mariposas   189
13. Un viaje al basurero   203

Conclusión: El as de espadas   217

Agradecimientos   235

Apéndice A: Escrituras para memorizar   239

Apéndice B: Compendio de chismes inútiles   245

Notas   249

Acerca del autor   261

Introducción

Cuando el lobo despierta

*Prepararse para la guerra es la forma
más eficaz de preservar la paz.*

—George Washington

No hay nada que yo pueda hacer para detenerlo.

Mi estómago gruñe y el sudor hace que mi piel brille. Pensando en todas las maneras en que podría morir por mis propias manos, me revuelco intranquilo en la cama con una rapidez enfermiza, como un maniquí desabrochado en una prueba de colisión automovilística simulada. Mi mente vuela y los ojos me arden. Escucho una voz en mi cabeza que me dice que me voy a quitar la vida. Suena como si fuera mía, pero no es. Incapaz de salir de esa pesadilla, me veo tomando el camino de la autolesión. No tengo freno de emergencia al cual echar mano. Presa del pánico, desorientado y asustado, salto de la cama y avanzo por el pasillo, tratando de averiguar dónde estoy tan asustado.

Controlo la respiración tan agitada hasta hace un momento, murmuro un versículo de la Biblia una y otra vez. (*No me desampares ni me abandones, Dios de mi salvación. Aun cuando un ejército me asedie, no temerá mi corazón; aun cuando una guerra estalle contra mí, yo mantendré la confianza, etc., etc.*). Logro reducir las revoluciones en mi mente desde un grito desesperado a un rugido sordo. El miedo que flota en el ambiente como un humo espeso y acre pronto se disipa y empiezo a sentir que todo vuelve a la normalidad. Me quito la camiseta y la toalla de la piel mojada por el sudor y vuelvo a la cama.

Este ritual de las dos de la mañana con sus habituales variaciones se ha venido reproduciendo hace tanto tiempo que ya no puedo recordar. En las peores noches, tengo que quitar las sábanas completamente mojadas por el sudor y reemplazarlas con una toalla para intentar recuperar el sueño. (Si estoy hospedado en un hotel, solo, me paso a la cama desocupada). Durante mi juventud, esos episodios eran tan terribles que en más de una ocasión terminé vomitando. Recuerdo vívidamente a mis padres orando por mí.

La Biblia llama a esos ataques «terror de la noche» o «terror nocturno» (Salmos 91.5). La sensación es como sentirse encerrado en un laberinto sin salida. No siempre tengo pensamientos suicidas; a veces tengo miedo de que algo pudiera ocurrirles a mis hijos o que cometa algún error con consecuencias fatales. Durante muchos años, mi miedo tomó la forma de una sensación de presión y urgencia, como si algo me obligara a completar un rompecabezas bajo el agua, en la oscuridad, en un idioma desconocido, con el peso del mundo sobre mí y a miles de seres queridos dependiendo de mi habilidad para hacer lo que no puedo. Hubo un tiempo en el que en el sueño, el miedo consistía en temer que los sermones que preparaba me parecían terribles. Ni hablar de las veces que soñaba que estaba rodeado de serpientes.

Por dicha, este tipo de pesadillas y sonambulismos han desaparecido casi por completo. Pero en los primeros veinticinco años de mi vida alcanzaron niveles abrumadores. Una vez, cuando era niño, mi mamá me encontró parado junto a la caja de arena de nuestro gato, y cuando me preguntó qué estaba haciendo allí, le dije que tenía que ir al baño.

«Aquí no es», me dijo ella, mientras me agarraba de los hombros y me llevaba al baño. Tenía los ojos abiertos, pero no estaba consciente de lo que estaba pasando.

En un viaje que hice al extranjero, me desperté en el hotel con las máquinas expendedoras de hielo, pasando por los ascensores. Estaba en calzoncillos. Me costó convencer al recepcionista de que me diera una llave para regresar a mi habitación. Otra vez me desperté, en bata, en el pasillo de un hotel, con la sensación de que no podría regresar a mi habitación, pues no tenía la llave; sin embargo, al meter la mano en uno de los bolsillos de la bata ahí estaba la tarjeta de acceso. Me dije a mí mismo «Gracias, Levi» y sin haber despertado, volví a mi habitación. En otra ocasión, viajando en avión, me dormí en mi asiento y soñé que una gran roca, como la que perseguía a Indiana Jones en la película *En busca del arca perdida,* caía sobre mí. Di un gran brinco y fui a caer en el regazo de la persona que estaba sentada a mi lado. Avergonzado, me disculpé con un poco convincente: «Tuve una pesadilla».

Los terrores nocturnos no se han ido, pero he aprendido a lidiar con ellos mejor. Parecen aumentar cuando algo grande está a punto de suceder, como cuando estoy frente a una importante oportunidad o cuando nuestra iglesia está expandiéndose.

Por desdicha, la noche no es el único momento en que el miedo bloquea mi mente; durante el día pueden ser solo temores. Pensamientos ansiosos, miedos, preocupaciones y remordimientos que surgen cuando termino abruptamente una conversación que me gustaría continuar, todo lo cual resulta igual de difícil.

A veces me veo entrando lentamente por un camino aterrador que me llevará a la infelicidad. Me siento como Bruce Willis en *El sexto sentido* intentando evitar ese camino tan concurrido que conduce a ninguna parte. Me ruego a mí mismo: *¡Devuélvete, hombre! Deja de enfurruñarte. Esta no es la manera de obtener lo que quieres alcanzar. ¡Usa tus palabras y no sigas poniendo mala cara!* Pero parece que no presto atención a la advertencia, por mucho que agite los brazos y alce la voz.

Esto para no mencionar la adicción que desarrollo por las redes sociales, las compras por la Internet y otras distracciones digitales cuando me siento triste, solo, poco apreciado o aburrido, o cuando pierdo el interés por trabajar en algo importante. Ah, sí, también echo mano de la comida para consolarme cuando estoy deprimido. Cuando estoy triste, los carbohidratos son el agente que me da un golpe rápido de felicidad. Las calorías vacías nunca parecen llenar la vacuidad en mí, y sé que me sentiré peor en media hora, pero eso no me impide llenarme la boca de papas fritas.

No sé si puedes identificarte con mis problemas. Tal vez nunca te has encontrado secándote el sudor en medio de la noche como si acabaras de terminar una sesión de ejercicios, o hayas despertado en el vestíbulo de un hotel en ropa interior, pero sospecho que tienes que haber experimentado de alguna manera situaciones parecidas y para las que no has tenido respuesta; algo que te ha hecho sentir aterrorizado, atrapado, abandonado, víctima de alguna cosa mala que hayas hecho. Tal vez te haya ayudado a dormirte alguna sustancia aletargante, algún medicamento y tras el efecto, te haya dominado el miedo. Solías recurrir a este tipo de ayuda de vez en cuando pero ahora resulta que lo necesitas a diario para sentirte normal. O quizás se trate de un disgusto con tu cónyuge que ha provocado un silencio espantoso que si alguien no está dispuesto a romper, puede terminar en divorcio. O quizás estés pensando seriamente en renunciar a tu trabajo porque sientes que tu jefe y tus compañeros están en contra tuya porque lo mismo ocurrió en los tres últimos trabajos que tuviste y en las tres iglesias a las que concurriste o con los tres amigos de los cuales terminaste distanciado. Tal vez se trate de tu temperamento. Nunca has cruzado la línea ni entrado a golpes contra nadie, pero has estado a punto de hacerlo.

Mal humor durante el día, pesadillas por la noche. Problemas ante los cuales te sientes incapaz de solucionar. Miedo debilitante en una habitación con gente o ansiedad paralizante cuando te despiertas solo. Lo peor de todo es que resulta imposible ser víctima y vencedor al mismo tiempo.

Por todo eso es que me decidí a declarar la guerra y quiero que tú me acompañes en esta confrontación.

No tengo dudas de que el diablo envía demonios para que se metan conmigo ni tampoco dudo que el mundo puede muy bien ser otra fuente de mis problemas. Pero, además, esto también lo sé con certeza: yo mismo provoco muchos de los problemas que me agobian. Las tres fuentes peor de mi frustración en la vida son: yo, yo mismo y yo. Yo soy mi peor enemigo y quiero y necesito a toda costa quitarme de mi propio camino.

Por eso he declarado la guerra: a la oscuridad. A mis demonios. A la ansiedad y a las noches cuando me ataca el perro negro de la depresión. A mis tendencias a autosabotearme. A mi egoísmo, a mi narcisismo y a la forma en que puedo pasar horas sin hacer nada cuando debería centrarme en solo una cosa.

Declaro la guerra.

No te estoy pidiendo que me ayudes a pelear mis propias batallas, sino que quiero hacer todo lo posible para convencerte de que te comprometas con las tuyas.

Declaro la guerra.

Hay poder en esas tres palabras. Dilas en voz alta lentamente, concentrándote en cada una de ellas: *Declaro la guerra.*

Hay libertad en esta declaración.

No podrás ganar un conflicto si no reconoces que existe.

Declarar la guerra te aparta de los problemas que puedes confundir fácilmente con aspectos permanentes de tu identidad. Declarar la guerra te aleja de tus pensamientos negativos, de tus miedos y de tus ansiedades. Tú no eres el comportamiento disfuncional que muestras. Tú no eres el adicto a las comidas ni eres el adicto a la televisión, ni eres los comentarios ni los juicios críticos que afirmas y que no querrías que salieran de tu boca. Tú no eres los errores ni las transgresiones que ves en tus sueños tenebrosos y retorcidos. Cuando te decides a oponerte a todas esas cosas estás dejando claro que no estás del lado de ellas. Esta es la única forma de salir de esa rutina y superarla.

Cuando te decides a declarar la guerra, te estás negando a enfrentar la noche con temor o a ser derrotado sin oponer resistencia. Estás declarando la guerra a la versión tuya que no quieres ser.

CRUZA LOS ALAMBRES DE PÚAS

Cuando te decidas a poner fin al juego de la culpa y te dispongas a ser vencedor, encontrarás que emergerá un lobo en tu corazón. Es lo que Theodore «Teddy» Roosevelt, el más joven en llegar a ser presidente de Estados Unidos describió como el «poder del gozo en la batalla» que inunda a una persona que decide enfrentar el desafío. Este extraordinario presidente, cuya figura fue cincelada en piedra en el Monte Rushmore (y que es interpretado magistralmente por Robin Williams en la película *Una noche en el museo,* en mi opinión), condujo al Primer Regimiento de Caballería Voluntaria de Estados Unidos (conocidos como los *Rough Riders*) durante la Guerra Hispanoamericana en 1898 en la batalla por San Juan Hill. Las balas de ametralladora Mauser diezmaban las filas de sus soldados, pero Teddy siguió luchando, empujando implacablemente a sus hombres hacia adelante.

En esa terrible situación, completamente comprometido con el desafío que tenía por delante, cruzó un cerco de alambre de púas que había en el campo de batalla y en ese momento emergió un lobo en su corazón. Con sus anteojos empañados por la humedad, el sudor y un pañuelo movido por el viento desde la parte posterior de su sombrero, no hizo caso a las balas que pasaban zumbando a su alrededor; iba concentrado en guiar su caballo *Little Texas* hacia adelante. (Su otro caballo se había ahogado al caer al mar mientras lo descargaban desde la embarcación de la Marina que lo había transportado). Teddy había activado un comando dentro de él lo que lo transformó en una fuerza imparable, dispuesto a enfrentar lo que fuera necesario. Un testigo que presenció lo que estaba ocurriendo, dijo que «una vez que Teddy traspuso el cerco de alambre de púas se convirtió en el soldado más impresionante que haya visto jamás». Un proyectil pasó rozándolo, quemándole la piel; otra bala le mordió el codo, pero él no lo notó. No se detuvo hasta que alcanzaron la victoria. Por el resto de su vida, Roosevelt se refirió a ese día, 1 de julio de 1898, como el más grande que haya vivido.

No digo que necesites ir a Cuba para pelear. Lo que estoy tratando de decir es que hay un poder increíble dentro de ti si lo activas en la dirección apropiada. La mayor parte del tiempo tendemos a reaccionar, defensivamente, ante lo que nos salga en el camino. Deja de permitir que los acontecimientos de la vida tomen la iniciativa por ti; toma el control y obliga a la vida a seguirte. Enfrenta al enemigo en tus términos. Ponte a la ofensiva. Sea que estés cursando estudios universitarios o que a tus sesenta contemples la vida que empezarás una vez retirado, si optas por mirar las cosas que te están reteniendo, una fuerza que no sabías que tenías empezará a surgir en tu pecho. Como escribió W. H. Murray, el explorador escocés del siglo veinte: «En el momento en que uno se compromete, la Providencia entra en acción... produciendo para beneficio de la persona todo tipo de situaciones, reuniones y material de ayuda que nadie podría haber soñado que se le cruzarían en su camino».

Declara la guerra, y el lobo se despertará. No lo pienses demasiado. Tienes tiempo para tratar con todas las implicaciones. Y no vas a tener que luchar solo. Tienes una enorme cantidad de respaldo y poder de fuego a tu disposición. Ya me referiré a esto más adelante.

Este libro te ayudará a descubrir las claves para ganar la batalla dentro de ti. Lo he dividido en cuatro secciones. Cada sección, o carta, tiene que ver con un componente vital de tus luchas internas. Y cada carta se proyecta hacia la más importante de las cuatro: la cuarta.

Es esencial que llegues hasta el final. Aunque las primeras tres cartas son muy buenas, no servirán de mucho sin la cuarta.

Yo ya he vivido los principios que voy a compartirte. Están activos en mi vida en este momento, mientras permanezco en esta cafetería en Sioux Falls, Dakota del Sur, trabajando con este libro en mi computadora portátil. Durante los meses pasados y mientras me preparaba para escribir, no me han faltado las distracciones, las depresiones y los estados de profundo pesimismo. Pero, como Theodore Roosevelt, crucé la cerca de alambre de púas y vencí porque sé que necesitas estos conceptos tanto como yo.

Antes que te concentres en la primera carta en la página siguiente, escribe tu declaración de guerra. ¿De qué manera necesitas quitarte de tu propio camino? No sanees tu lista. El tiempo para las medias tintas ha terminado. Para estar limpio, debes venir limpio.

COSAS QUE
ME RETIENEN

_____

_____

_____

_____

DECLARO LA
GUERRA

EN ESTE DÍA_____

A ESTA HORA _____

FIRMADO_____

ᘓL LOBO QUE NUNCA SUPISTE QUE QUERÍAS SER

Quiero estar solo y quiero que los demás lo
sepan, ambas cosas al mismo tiempo.

—THOM YORKE DE *RADIOHEAD*

ᘓn Las Vegas, las escaleras mecánicas y las aceras móviles parecen moverse en una sola dirección: hacia los casinos. Entrar es tan fácil como tomarse un vaso de agua; pero por la forma en que se ha diseñado el camino de salida, esto es lo realmente difícil. La intención, al hacerlo así es atrapar al jugador en un laberinto de distracción que lo induzca a quedarse allí más del tiempo deseado y dejar su dinero en las arcas del casino.

Cuando me encuentro luchando contra el mal humor, siento como si una de esas aceras automáticas me llevara a un lugar al cual no quiero ir sabiendo que me costará hallar el camino de regreso. Empecé a experimentar esta sensación en la escuela secundaria. Siempre ocurría algo que me quitaba la paz: me sentía excluido, me parecía ser el hazmerreír de los demás, me sentía culpable por algo que había dicho o hecho. Era como si estuviera parado en terreno movedizo.

En medio de todo ese caos, me daba cuenta de que me encontraba en una encrucijada. En el rumbo que llevaba podía ver las nubes que presagiaban tormenta, las aves carroñeras volando en círculos sobre mi cabeza, los huesos de antílopes completamente limpios y blancos, resplandeciendo bajo los últimos rayos del sol poniente. Hacia ese lugar me llevaba mi acera móvil, un lugar al que no quería ir.

En la dirección opuesta veía colores vivos, luz cálida, gente sonriendo, niños saltando la cuerda, explosiones de alegría en todos los rostros. Si quería llegar allí tendría que hacer una decisión rápida porque cada momento que pasaba me alejaba más de ese lugar alegre. Si no hacía nada, llegaría indefectiblemente a los dominios de la tristeza.

La mayoría de las veces no hacía nada. En cierto punto, la acera automática se detendría, dejándome en un mundo gris muy lejos de los colores que me habría gustado ver y sin tener idea de cómo regresar.

Me sentía terriblemente enojado. A esto, algunas personas lo llaman *mal humor*. Yo lo llamo *estar preso en la versión de mí que no quiero ser*. Puedes modificar mi nombre para que se lea *malo* [al alterar el orden de las letras del nombre Levi, en inglés, se puede crear la palabra «evil», que en ese idioma significa «mal, malo, malvado»], pero yo lo llamo *perverso*. Puede tener mis huellas dactilares y mi tipo de sangre, pero no soy yo.

Ya fuera después del almuerzo, durante el segundo período o en el autobús camino a la escuela, una vez que caía en ese estado, *ahí* me quedaba. Se levantaba una pared y mi disfrute de la vida se reducía. Es imposible sentirte bien cuando la presión viene de adentro. Después de una hora o dos, lo que

originalmente me había quitado la paz ya había perdido su vigencia. Ahora, los verdaderos problemas eran la autocompasión y el odio a mí mismo que se endurecían en una máscara que me parecía imposible de quitarme. Finalmente, terminaría rindiéndome. Ya no había nada que hacer. Llegaría a un punto en el que pensaba: *El día se había arruinado; tendría que volver a intentarlo al siguiente.*

¿Te has sentido tú así? ¿Como si la mayor parte del día se hubiera desperdiciado sin ninguna posibilidad de hacer buenas decisiones? *Mañana será un nuevo día; el de hoy no fue nada bueno.* Tomamos la misma mala decisión cuando se trata de la comida: *No seguí mi dieta para el almuerzo, así que voy a comer en exceso en la cena y disfrutar de un pastelito antes de dormir. Debería haber tenido un buen desayuno saludable, pero como no lo tuve, todo el día fue un desastre. Lo haré mejor el lunes... o el próximo mes.*

¿De dónde sacamos la idea de que una mala decisión debe ser seguida por otra? Quizás de no entender el verdadero significado de un versículo escrito por el profeta Jeremías en el libro de Lamentaciones y citado con cierta frecuencia:

> El gran amor del Señor nunca se acaba,
> y su compasión jamás se agota.
> Cada mañana se renuevan sus bondades;
> ¡muy grande es su fidelidad!
> (Lamentaciones 3.22, 23).

Lo que un versículo de la Biblia *no quiere decir* es tan importante como lo que *quiere decir*. Jeremías no está diciendo que una nueva mañana sea el único tiempo en que vayamos a recibir misericordia; no hay nada místico relacionado con el reloj que marca la medianoche. Las mañanas no son el único momento en que Dios repone sus misericordias. Nuestro plan de servicio telefónico puede cambiar en cualquier momento, pero eso no ocurre con la devoción que Dios nos ha asignado.

Lo que Jeremías enfatiza es que siempre tendremos una nueva oportunidad, porque *así de bueno es Dios*. Nosotros tenemos la opción de acudir a él por la mañana, al mediodía o por la noche, una vez al día, nueve veces al día, cada hora si lo necesitamos, y solicitar la ayuda que nos haga falta para vencer en la batalla en la que en un momento dado nos encontremos. Hebreos 4.16 dice: «Así que acerquémonos confiadamente al trono de la gracia para recibir misericordia y hallar la gracia que nos ayude en el momento que más la necesitemos». No tenemos que esperar al comienzo del día. Podemos buscar la gracia cuando la necesitemos.

Los astronautas en la EEI (Estación Espacial Internacional) orbitan el planeta Tierra cada noventa minutos, lo que significa que pueden ver al sol salir y ponerse dieciséis veces al día. ¿Por qué? Porque se están moviendo velozmente alrededor de la tierra. ¿Cuán velozmente? Mi amigo Shane Kimbrough, que ha pasado 189 días en el espacio y fue comandante de la EEI, me dijo que cuando estás en la estación espacial, te estás moviendo a razón de unos 28,000 kilómetros por hora, o a 8 kilómetros por segundo, entre 320 y 400 kilómetros sobre la superficie de la tierra. Imaginarse a un astronauta emplazado en la cúpula de la nave, viendo al sol salir y ponerse dieciséis veces en un día a través de una enorme ventana, es clave para lo que Dios quiere hacernos recordar: así como los cielos son tan altos respecto de la tierra, así son los caminos de Dios (Isaías 55.9; Romanos 11.33). Mientras más alto subas más salidas del sol verás. No necesitas borrar un mal día. Puedes comenzar de nuevo donde quedaste. Hay nuevas misericordias esperándote.

Solo el orgullo y la necedad pueden llevarte a que una mala decisión se convierta en un mal día y a que termines dejando para mañana lo que puedes hacer hoy.

Me encanta cómodo que es llamar un Uber. Con unas cuantas pulsadas a unas teclas de tu teléfono, aparece un automóvil en el lugar donde te encuentras listo para llevarte a donde necesites ir. No hay nada mejor para moverte por la ciudad.

En más de una ocasión he confundido un Uber que solicité con el que había pedido otra persona. Una vez en el aeropuerto salté al asiento trasero de un automóvil creyendo que era el Uber que había ordenado. Pero no lo era. La persona que estaba al volante saltó de la sorpresa. ¡Estaba más sorprendido que yo! La verdad es que no tienes que estar de más mal humor que el que te puede ocasionar subirte a un Uber que no es el que pediste; porque con la facilidad con que entraste, puedes volver a salir.

Huele a adolescente

El mal humor solo existe en tu mente. Es por eso que la primera de las cuatro cartas en voltearse cuando has declarado la guerra tiene que ver con tus pensamientos. No puedes vivir bien si no piensas bien.

En mi último año de secundaria, tenía clase de arte. El aula estaba en un barracón metálico al final del recinto. Había un sendero de grava zigzagueante que pasaba al lado de la cafetería, el gimnasio, una cerca de alambre, el área donde los autobuses estacionaban para dejar y recoger a los estudiantes, y una fila de edificios movibles. Han pasado diecisiete años desde que cumplí los diecisiete y pasaba del sexto al séptimo grado, y todavía puedo oír el ruido de la grava bajo mis pies y sentir el peso de mi mochila cargada de libros. (Que los haya abierto al finalizar el día ya es otra historia).

Puedo recordar vívidamente el mal humor que me dominaba mientras me dirigía a esa clase. Ocurría con tanta frecuencia que esos sentimientos de angustia provocados por dosis casi letales de autodesprecio y autocompasión quedaron grabados en mi mente para siempre.

Solía usar mi camisa del uniforme a medio abrochar. Pero teníamos que usarla bien abrochada, aunque no nos gustara y, además, unos pantalones color caqui o azul marino. Si te sorprendían con la camisa sin abrochar, te ganabas una amonestación escrita. Para evitar el castigo, apenas me abrochaba los botones que estaban por sobre el cinturón. Era un rebelde.

A veces, uno de mis compañeros podía ver la molestia en mi rostro, se me acercaba y caminaba a mi lado; me preguntaba qué me pasaba y yo, entonces, aparentaba normalidad y le decía cualquiera mentira. «No te preocupes», le decía, «todo está bien», aunque por dentro sabía que no estaba diciendo la verdad.

Deseaba que el día se terminara pronto mientras esperaba que al siguiente las cosas fueran mejor. «*Tal vez mañana*», me decía. «*Este día ha sido un fracaso*».

Lo curioso es que, aunque recuerdo haberme dirigido a la clase de arte de mal humor, no puedo recordar una sola ocasión en la que haya salido de ella descontento, enojado o molesto.

Cada alumno disponía de un pequeño cubículo donde podíamos pintar, dibujar o colorear durante cuarenta y cinco minutos. La maestra, la señora Losey, era una dama amable y simpática que de vez en cuando nos permitía escuchar música mientras trabajábamos. Me ponía los audífonos, activaba mi *Discman*, presionaba una tecla y me disponía a escuchar música de adoración mientras llenaba las páginas con línea, colores y figuras. Antes que me diera cuenta, me encontraba de regreso por el mismo sendero de grava por el que había llegado a la clase pero ahora en un estado de ánimo completamente diferente. Milagrosamente, el hechizo se había ido y la molestia que me había dominado hacía menos de una hora había desaparecido.

Por entonces, no tenía la capacidad para darme cuenta de lo que entiendo ahora: no era una coincidencia que al final de la última clase del día me encontrara en un lugar emocionalmente diferente. Esa clase de arte era como la frase tranquilizadora con la que se calmaba la furia de Hulk —el gigante verde de las historietas— para que volviera a ser otra vez el apacible Bruce Banner: «Oye, grandulón, el sol se está poniendo» (cuando se lo dijo la Viuda Negra, no Thor). La combinación de música, arte y un lugar tranquilo era como una canción de cuna que me conducía a un estado de ánimo completamente diferente. Mi ritmo cardíaco se apaciguaba y con él mis niveles de cortisol, la hormona que causa estragos en tu sistema cuando estás estresado. Era como si el mal humor fuera un seis de tréboles, y la música y el arte fueran el rey de corazones. Y ninguna carta numerada de emociones puede vencer a Jesús: ¡el Rey de tu corazón!

He aprendido mucho sobre lo que me motiva, pero todavía me cuesta controlar mi estado de ánimo. Mi capacidad para responder adecuadamente a las batallas externas tiene mucho que ver con la que tengo para luchar con éxito en la guerra interna. ¿Recuerdas a Josué peleando contra los amalecitas mientras Moisés estaba en la colina levantando los brazos con la vara de Dios en sus manos? (Éxodo 17.8-13). Contra todos los esfuerzos que hicieran Josué y sus guerreros, si los brazos de Moisés se bajaban, los enemigos prevalecían, pero cuando sus brazos permanecían en alto, la victoria cambiaba de bando. Escúchame fuerte y claro. ¡Nada influye tanto en tu vida

NADA INFLUYE
TANTO EN TU VIDA
— COMO TU —
CAPACIDAD
— PARA —
CONTROLAR
TU
ESPÍRITU
EN MEDIO DE LOS
SENTIMIENTOS
VOLÁTILES
Y LA
LOCURA DE LA VIDA.

como tu capacidad para controlar tu espíritu en medio de los sentimientos volátiles y la locura de la vida!

Proverbios 25.28 nos dice: «Como ciudad sin defensa y sin murallas es quien no sabe dominarse». En el mundo antiguo, las murallas lo eran todo. Una ciudad sin ellas era el equivalente a una habitación de hotel sin cerrojo, sin una mirilla para observar el exterior antes de abrir y sin aquel mecanismo que te permite abrir solo unos cuantos centímetros. Yo no me sentiría seguro en un hotel sabiendo que sin esos recursos de defensa sería completamente vulnerable a un ataque. Es por eso que la cruzada de Nehemías para restaurar las murallas de Jerusalén fue tan importante. Cuando descuidamos el control de nuestro espíritu, quedamos vulnerables a los ataques.

Cuando Dios creó a Adán y a Eva, formó los cuerpos de ellos con el polvo de la tierra usando sus manos, pero fue el aliento de él lo que les dio su espíritu. Tu espíritu es la parte de tu ser que responde a Dios y recibe su poder.

La palabra *espíritu* aparece cientos y cientos de veces a través de las Escrituras. Veamos algunos ejemplos:

- Cuando alcanzas la salvación, tu espíritu es la parte de ti que recibe el mayor impacto: «Les daré un nuevo corazón, y les infundiré un espíritu nuevo; les quitaré ese corazón de piedra que ahora tienen, y les pondré un corazón de carne» (Ezequiel 36.26).
- Cuando pecas, tu espíritu se desestabiliza y necesita que se lo recalibre, como una brújula cerca de un campo magnético: «Crea en mí, oh Dios, un corazón limpio, y renueva la firmeza de mi espíritu» (Salmos 51.10).
- Debes aprender a controlar tu espíritu y practicarlo especialmente en tiempos de ira. «Más vale ser paciente que

valiente; más vale el dominio propio que conquistar ciudades» (Proverbios 16.32).

- Tu espíritu puede tener buenas intenciones, pero puede ser vencido por deseos pecaminosos y necesita ser fortalecido por la oración: «Vigilen y oren para que no caigan en tentación. El espíritu está dispuesto, pero el cuerpo es débil» (Marcos 14.38).

- Un espíritu calmado te hace tener una confianza tranquila: «El que es entendido refrena sus palabras; el que es prudente controla sus impulsos» (Proverbios 17.27).

- Podemos pedirle a Dios un espíritu marcado por la generosidad: «Devuélveme la alegría de tu salvación; que un espíritu obediente me sostenga» (Salmos 51.12).

- Un espíritu extraordinario conduce a puertas abiertas y promoción: «Tanto se distinguió Daniel por sus extraordinarias cualidades administrativas que el rey pensó en ponerlo al frente de todo el reino» (Daniel 6.3).

- Dios se siente atraído por aquellos que tienen un espíritu marcado por la humildad y por los que levantan sus ojos hacia él en tiempos de sufrimiento: «El SEÑOR está cerca de los quebrantados de corazón, y salva a los de espíritu abatido» (Salmos 34.18).

Aprender a lidiar con tu espíritu y tus pensamientos es extraordinariamente importante. *Si tu espíritu está fuera de control, es difícil poner tu vida bajo el control de Dios.* Y un espíritu bajo el control de Dios es la clave para que el lobo se despierte en tu corazón.

¡Espera un segundo! Veo que quieres objetarme. *Acerca de esto… No estoy realmente seguro de querer despertarme como un lobo. ¿No se describen en la Biblia a los lobos bajo una luz*

negativa? Sin mencionar todos los cuentos de hadas —el lobo y la Caperucita Roja, el lobo y los tres cerditos—, en todos los cuales los lobos son grandes y malos.

¡Qué bueno que lo mencionaste! ¡Cuánto desea el diablo posesionarse por completo de la imagen de un animal con unos atributos que necesitamos desesperadamente! Sí, es cierto. El enemigo nos ataca como lobo, pero recuerda que también le gusta vestirse como ángel de luz, como serpiente y como león rugiente. Pareciera que no tenemos ningún problema con los ángeles ni con los leones; además, el propio Jesús nos dijo que fuéramos astutos como serpientes. Entonces, ¿por qué hablar de lobos? En todo caso, el interés del enemigo en ellos debería advertirte que hay algo poderoso sobre ellos.

Los lobos fueron creados por Dios y son realmente criaturas excepcionales, reconocidas por su lealtad y su fortaleza. Además de ser altamente sociables e inteligentes, tienen otras cualidades menos conocidas que deberías desear para ti. Se ha demostrado científicamente que son susceptibles al bostezo contagioso (¿bostezaste cuando leíste eso?), lo que se cree que está relacionado con la empatía. Y este es mi dato favorito: los lobos están dispuestos a adoptar cachorros de lobos huérfanos aunque pertenezcan a una manada rival. Entre los depredadores superiores esto no es normal. Incluso los leones (y amo mucho a los leones) que se hacen cargo de otras crías casi siempre practican el infanticidio; y los matan, aparentemente, para acabar con la línea sanguínea de sus predecesores. Pero eso no es lo que hacen los lobos. El macho alfa y la hembra cuidarán tiernamente de los cachorros de su enemigo integrándolos a su manada. ¡Algo especialmente conmovedor! De vez en cuando se escucha decir de alguien de malos instintos que pareciera haberse «criado entre lobos» como

Mowgli, el hombre-cachorro de la novela de Rudyard Kipling *El libro de la selva*. Pero hay algo de verdad detrás de esta expresión, pues esos cazadores feroces también cumplen espontáneamente las funciones de padres adoptivos.

Lee este fragmento de *La sabiduría de los lobos* y dime si no querrías que tu lobo interior fuera como ellos:

> Cuidan a sus cachorros con una devoción familiar y son como nosotros en su instinto de cuidar a los más pequeños, familiares o no. Tienen un lugar en la sociedad para sus mayores. Van más allá de los límites físicos en sus exploraciones pero siempre vuelven a visitar a sus familias. Se preocupan por lo que les sucede a los demás, se echan de menos cuando se separan, y sufren y se lamentan cuando uno de ellos muere... Son líderes benévolos y lugartenientes fieles, madres aguerridas, padres cariñosos y hermanos devotos; son cazadores, aventureros, animan a los demás y son cuidadores.

Ser un lobo no es solo ser un guerrero valiente; también es ser un cuidador amoroso, y ese es tu destino.

Volvamos a la historia en Éxodo 17. Finalmente, Moisés terminó cansándose y, por mucho que lo intentó, no pudo mantener los brazos en alto. Entonces, sus ayudantes Aarón y Hur improvisaron un par de soportes con unas piedras que pusieron debajo de Moisés al estilo de los taburetes que se usaban en los bares antiguos, se pararon a su lado y cada uno le sostuvo en alto cada uno de sus brazos. Moisés estaba exactamente en la misma posición que antes, solo que ahora le era mucho más fácil mantener los brazos en alto.

Podemos ser creativos ayudando a otras personas e incluso manteniendo nuestros espíritus bajo control. Esto es cierto si tu lucha es no perder la paciencia con tus hijos, interactuar con una persona de servicio al cliente grosera o condescendiente, o tratando con un compañero de trabajo poco eficiente. O, como ocurre en mi caso, ver a alguien de nuestro equipo bostezando o que no muestra interés en lo que estamos haciendo. (En esos casos, mi Hulk tiende a asomar la cabeza). Algo tan simple como dónde te sientas, qué traes, o la forma en que te preparas para un encuentro complicado puede hacer la diferencia entre una reacción controlada y una de la que te arrepentirás. Por ejemplo, escuché a alguien decir que siempre lleva agua cuando va a tener algún encuentro que sospecha que se va a sentir tentado a perder el control. Y que antes de estallar, bebe un sorbo. Nadie se inmuta cuando alguien bebe un poco de agua en lugar de hablar.

Dejamos este capítulo con tres conclusiones puntuales: en primer lugar, no importa cuántas horas del día hayan pasado, nunca es demasiado tarde para cambiar el rumbo, no mañana, sino ahora mismo. En segundo lugar, tener un nombre para la versión de ti que no quieres ser te ayuda a evaluarte cuando te comportas mal. Escoge un nombre para tu propia versión de perverso. Una vez que tengas uno para tu alter ego, puedes sacarlo de la lista de invitados. Ponle nombre a esa versión de ti antes de decirla. Tercero, no tienes que ir a la clase de arte de la señora Losey para calmarte. Las nuevas misericordias aparecen con solo una oración, un aliento, una corta caminata o incluso un sorbo de agua. Ponte tus audífonos bien ajustados. Canta una canción. Cierra tus ojos por un momento. Compra un pequeño juego de acuarelas para que lo uses. Averigua cuál es el equivalente a tu clase de arte para que puedas continuar desarrollando lo que crees que eres y que está atrapado dentro de ti. Escapar de tu cautiverio autoimpuesta puede no ser tan fácil como saltar a la acera automática que te trajo hasta allí, pero está bien, puedes subir por las escaleras.

¿(+) o (–)?

Creas o no que puedes hacer algo, tienes razón.

—Atribuido a Henry Ford

A mis hijos les encanta jugar con las luces internas del automóvil. Hay algo especial en la forma en que las del techo se encienden y apagan, por lo que entiendo que les guste tanto ese ejercicio. Mi esposa y yo hemos tratado de inculcarles la necesidad de dejar las luces tranquilas antes de salir, pero no hemos tenido mucho éxito. Por eso, no me sorprendió cuando un día Jennie me dijo que la batería de su auto estaba descargada.

Siempre trato de aprovechar las oportunidades que se me presentan para revelarme como el que tiene todas las soluciones a la mano, así que, tranquila, le dije a Jennie: «No hay problema. ¡Ya lo tengo!». Luego, le dije a mi hija mayor, Alivia: «Ven a ayudar a papá a auxiliar el auto de mamá» y, como si fuera el sabelotodo de la comedia televisiva *Mejorando la casa*, señalé hacia el garaje.

Levanté el capó de ambos autos. «Vamos a utilizar la vida de mi batería para enviar vida a la de la mamá», le expliqué. Pero

Alivia me miró con curiosidad cuando le dije que el siguiente paso era utilizar «esas cosas serpenteantes con los dientes de metal en sus extremos que se conectan a ambas baterías». (Por supuesto, esa no es la forma en que la tienda de repuestos de automóviles se refiere a los cables auxiliares o de puente).

Sin inmutarse por su nivel de asombro infantil que solo le duró un minuto, Alivia vio cómo papá conectaba cuidadosamente el cable a ambas baterías. «La clave es tener cuidado, especialmente después que se instalen los cables en la batería cargada», le dije a Alivia, «porque si los dientes de ambos extremos se tocan, hay que salir corriendo. Ya me ha pasado más de una vez y no quiero volver a vivir la experiencia».

Una vez que encendí mi auto, le pedí a Livy que se pusiera al volante del auto de Jennie y le diera al interruptor.

—¡Ya, Livy, dale!

Nada.

—¡Dale de nuevo!

Nada.

—¡Otra vez, hija! ¡Otra vez!

—¡Uy, papá! ¿Se supone que el garaje debe estar lleno de humo?»

—Una vez más, hija!... Espera, ¿de qué humo me estás hablando? —le grité cuando su pregunta finalmente se abrió camino en mi cerebro cinco segundos después.

—¡Papi, los cables auxiliares se están derritiendo! —me gritó.

Salí disparado de mi auto. Efectivamente, los cables estaban ardiendo y en pleno proceso de derretirse, como las caras de los nazis en la película *En busca del arca perdida*. El caucho quemado goteaba por todo el suelo, formando un charco negro y rojo.

Lo más inteligente habría sido decirle a Alivia que dejara el interruptor y que corriera a pedir ayuda, pero yo no sabía qué hacer; así que me quedé allí, sin hacer nada, solo mirando con incredulidad, tratando de entender qué era lo que pasaba.

El cobertor de caucho se derritió, dejando solo un cable sujetando los dos cables auxiliares. Luego, el cable cayó al suelo, dejando solo un puente, sin cable. Miré los ganchos conectados a las dos baterías y en ese momento me di cuenta de que la pinza roja (positivo) la había conectado al terminal negro (negativo) y la pinza negra al terminal rojo. Me di una palmada en la frente y le expliqué a Alivia lo que había hecho mal.

Después, cuando conté la historia en la iglesia, alguien me explicó que había cometido un error peligroso. La inversión de la polaridad puede causar una acumulación de gases de hidrógeno dentro de la batería que puede hacerla arder o explotar. Además, el calor que derritió el aislamiento de caucho de los cables es tanto como para crear una oleada lo suficientemente potente para dañar permanentemente todos los componentes electrónicos de los que dependen los vehículos modernos.

Estupendo. Básicamente, había fabricado una bomba de hidrógeno casera y, sin saberlo, casi presiono el interruptor PEM (pulso electromagnético). Por dicha, nadie resultó herido y pude limpiar el plástico derretido tanto en los automóviles como en el piso del garaje. Después de conseguir un segundo juego de cables, pude arrancar ambos autos sin incidentes.

Esta es la lección: cuando pones lo negativo donde se supone que va lo positivo, suceden cosas malas. Esto no solo es un buen consejo en relación con la batería del automóvil; también lo es en lo concerniente a tu mente. Si pones un pensamiento negativo donde debería haber uno positivo, no explotará como pudo haberlo hecho la batería de mi auto, pero no desarrollarás la versión de ti mismo que quieres ser.

He conocido a muchas personas en la iglesia que se burlan de la idea de pensar positivamente, como si de algún modo fuera una traición al evangelio. Parece ser una de esas cosas que a algunos cristianos les encanta desvalorizar (como el calentamiento global, la música secular o la evolución). Hace un tiempo me di cuenta de que, casi sin excepción, aquellos que son rápidos en menospreciar el poder del pensamiento positivo y lo ven como algo carnal, y no espiritual, también resultan ser personas bastante negativas. En cuanto a mí, de una cosa estoy seguro: cuanta más atención presto a la «polaridad» de mi mente, más me gusta la dirección que lleva mi vida.

No me malinterpreten: no creo en el pensamiento positivo como un reemplazo de Dios, sino como una respuesta a Dios. Mi objetivo no es que veas tu copa metafórica medio llena, sino que la veas rebosando constantemente. ¿Qué es la fe, sino un filtro que te permite procesar tus experiencias a través de la bondad de Dios, eligiendo rechazar lo que ves y aferrándote a lo que crees que él está haciendo? La fe te permite creer en lo que crees y dudar de lo que dudas.

¿Es posible reemplazar a Jesús con positividad? Sí. Pero todo lo que haga que tu alma sea mejor implica ese peligro. Puedes hacer iglesia sin Jesús. Puedes orar sin hacer oraciones. Puedes dar todo lo que tienes a los pobres y que eso no cuente para nada. El hecho de que algo se pueda hacer de la manera incorrecta no significa que sea correcto.

El pensamiento positivo no es malo; de hecho, verás lo opuesto en las Escrituras. No es ofensivo para Dios; es obediencia a él. El versículo más corto de la Biblia lo aclara: «Estén siempre alegres» (1 Tesalonicenses 5.16).

NO CREO EN
EL
PENSAMIENTO
POSITIVO
COMO UN
REEMPLAZO
DE DIOS,
SINO COMO UNA
RESPUESTA
A DIOS.

Espera un momento, tal vez estés pensando, especialmente si creciste en la iglesia y jugaste esgrima bíblica como lo hice yo en la escuela bíblica de vacaciones *que el versículo más corto de la Biblia no es «estén siempre alegres», sino el que encontramos en Juan 11.35: «Jesús lloró». Es cierto. Son solo diez letras, en comparación con las diecinueve que tiene el versículo de 1 Tesalonicenses.*

No obstante, tengo que recordarte que la Biblia no fue escrita en español ni en inglés, sino en hebreo, en griego y en arameo. En el original, «Jesús lloró» tiene dieciséis caracteres, y «Estén siempre alegres» tiene solo catorce, por lo que este es el versículo más corto. Interesante ¿no?

Sin embargo, no dejes que el tamaño te engañe; este pequeño versículo tiene garra. Es poderoso y desafiante.

En lo personal, creo que esta orden de solo tres palabras es una de las cosas más difíciles de cumplir que nos dicen las Escrituras que hagamos. ¿Estar *siempre* alegres? No a veces, cuando las cosas van bien, sino *siempre*.

Pablo nos dice específicamente que la alegría constante es parte del plan de Dios para nuestras vidas: «Estén siempre alegres, oren sin cesar, den gracias a Dios en toda situación, *porque esta es su voluntad para ustedes en Cristo Jesús*» (1 Tesalonicenses 5.16-18, énfasis añadido).

¿Por qué es importante para Dios que estemos alegres todo el tiempo, que oremos siempre y que seamos agradecidos? Porque es imposible hacer estas cosas y ser negativos al mismo tiempo. Cuando tengas ganas de quejarte, estés comportándote en forma egoísta o te encuentres de mal humor, haz una oración a Dios llena de alegría y gratitud. Poner tu mente en las cosas que están por encima de ti es declarar la guerra al pensamiento de bajo nivel.

El hecho de saber que la voluntad de Dios para ti es que seas positivo no lo hace fácil. Para mí, cuando joven, fue una lucha tan grande que mi papá me puso «Don Negativo». Tener una mentalidad negativa fue responsable de gran parte del malhumor que experimenté en la escuela secundaria, y hasta el día de hoy, ser positivo todavía sigue siendo una lucha que debo librar todos los días.

Si le abres la puerta a la negatividad y la dejas entrar a tu vida, ten la seguridad que querrá un sitio en tu mesa, y si le das un asiento en la mesa, querrá dormir en tu cama. (Prácticamente, alimentar a Don Negativo es como darle un pedazo de queso a un ratón o un panecillo a un alce). Pronto la negatividad se convierte en tu estilo de vida.

Escuché a alguien decir que su madre estaba tan concentrada en su negatividad que un día la llamó y le dijo: «Oye, mamá, hoy es primero de octubre». Y ella le respondió: «Lo sé. ¿No es terrible?». ¡Qué impresionante falta de positividad sin razón aparente! La recompensa del pesimismo es más pesimismo.

Por dicha, para ti y para mí, no somos los únicos en nuestra lucha. A pesar de su prolífica fe que podía mover montañas, Billy Graham tuvo dificultades en su vida privada para lidiar con la negatividad. Encontré tranquilizadora esta descripción:

La fe de Billy era más una «fe a pesar de». Sus hijos afirman que los posibles problemas y dificultades siempre se le daban primero en la mente. Debido a eso, bromeando, lo llamaban Puddleglum. Puddleglum es un personaje de la serie *Las crónicas de Narnia*, de C. S. Lewis. Pesimista nato, Puddleglum siempre tiene una visión oscura de las cosas. Como él, Billy Graham tendía a ver el vaso medio vacío en vez de medio lleno. Pero cuando estaba activo en el frente espiritual, era una persona completamente diferente. Estaba lleno de fe y nada podía disuadirlo del objetivo de proclamar el evangelio en toda circunstancia. Cuando llovía a cántaros, se acercaba al micrófono, le pedía a la concurrencia que guardara silencio y oraba para que Dios moviera las nubes cargadas de agua que estaban sobre ellos. Y la lluvia se detenía, como sucedió, por ejemplo, en una cruzada en 1997.

¿Lo captaste? En su ministerio, Billy Graham no tuvo ningún problema en ordenar a la lluvia que cesara, pero le resultaba difícil espantar las nubes de su propia cabeza.

Uno de sus colaboradores dijo que estar cerca de Billy en el ministerio era una experiencia vivificante: «Hay quienes te menosprecian y tratan de derrumbarte. En presencia de tales personas, te sientes empequeñecido. Con Billy Graham ocurre exactamente lo opuesto. El resplandor de Cristo emana de su persona y estar con él es una bendición». Sin embargo, tenía momentos en los que era mejor dejarlo solo. Especialmente en casa, tenía que apoyarse en la disposición positiva de su esposa.

Billy, sin embargo, no era el único que vacilaba entre los altibajos del optimismo y el pesimismo. A lo largo de las Escrituras, vemos la necesidad de que el lobo se despierte en la batalla contra el negativismo, una batalla que parece ser especialmente frecuente entre aquellos que, como el reverendo Graham, han sido dotados y usados de maneras extraordinarias.

ALTIBAJOS

Elías comprendió lo que era estrellarse desde lo más alto hasta lo más bajo. Subió solo al Monte Carmelo para librar una competencia con 450 profetas de Baal y dejar claro de una vez por todas cuál era el dios real. El que respondiera con fuego sería el verdadero. Los profetas de Baal bailaron y cantaron, saltaron y giraron, se hirieron el cuerpo con cuchillos, pero Baal se mantuvo silencioso.

Elías se burlaba de ellos implacablemente. Puedo imaginar sus burlas: *¡Quizás el celular de Baal esté sin carga! O puede que esté en el baño, tendrán que gritar más fuerte.*

Agotados, finalmente, los profetas de Baal se dieron por vencidos. Elías entonces se dispuso a ofrecer su sacrificio. Pero hizo algo extraño: ordenó que mojaran el altar, la leña y el buey con doce barriles de agua.

Si yo hubiese estado allí, me habría opuesto porque si tú quieres encender un fuego, echarle encima doce barriles de agua no era buena idea. *¡La leña mojada no arde!*

Empapar el sacrificio se explica con a lo menos dos razones: pimero, Dios puede hacer lo imposible. Él a menudo nos manda a hacer cosas impracticables. Nos pide que hagamos cosas que parecen extrañas pero luego las bendice de forma sobrenatural. A Dios le gusta apilar la baraja contra sí mismo para luego recibir toda la gloria. *La leña mojada no es un problema.* De hecho, en lo que concierne a Dios, cuanto más mojada, mejor.

Segundo, conviene recordar que los israelitas enfrentaban una sequía de tres años. El agua que derramaron sobre el altar debe de haber venido de un suministro de agua para beber y para uso doméstico. Lo que indirectamente se les estaba diciendo a los israelitas era que se desprendieran de algo que estaba entre lo más necesario. Elías sabía que mientras les quedara agua, dependerían de ella, pero al derramar todo lo que tenían, en esencia estaban depositando en Dios toda su fe.

Con toda calma, Elías se dispuso a llevar a cabo su parte del acuerdo. Ni gritos, ni chillidos, ni danzas histéricas. Tampoco atentar contra su propio cuerpo. Todo lo que hizo fue orar. Una oración tan breve, que bien podría haber sido tuiteada por lo bajo del número de caracteres: «¡Respóndeme, SEÑOR, respóndeme, para que esta gente reconozca que tú, SEÑOR, eres Dios, y que estás convirtiéndoles el corazón a ti!» (1 Reyes 18.37).

En ese momento, cayó fuego del cielo y consumió toda la carne, toda el agua, toda la madera e incluso las rocas. ¡Hecho! Acto seguido, Elías ordenó que los 450 profetas de Baal fueran llevados al valle para ejecutarlos. (No hay duda de que, a lo largo de los años, el trabajo del profeta ha cambiado).

Fue un momento increíble, pero Dios aún no había terminado. Elías oró para que volviera la lluvia, enviando a su ayudante a que se asomara para ver si llegaba. Siete veces salió el muchacho a mirar y a la séptima vio una pequeña nubecilla tan pequeña como el tamaño de la mano de un hombre pero que pronto cubrió el cielo y dejó caer una lluvia que empapó la tierra. Los israelitas recuperaron sus doce barriles de agua y algo más. Es hermoso, ¿verdad? El agua que habían derramado fue convertida en vapor por el fuego de Dios; luego subió al cielo, donde él la multiplicó y se la devolvió en abundancia. La semilla nunca muestra la cosecha que contiene.

Con la nación regocijándose con el agua y los malvados profetas de Baal muertos, uno pensaría que Elías estaría emocionado. ¡Acababa de convertir un gol de media cancha como para celebrarlo alborozado! Pero no es así como sigue la historia. En lugar de eso, entró en una depresión que casi termina con él. Todo Israel lo estaba buscando para pasearlo en hombros por la ciudad al grito de «porque eres un buen compañero, porque eres un buen compañero», pero la reina Jezabel publicó en su página de Facebook que iba a matarlo. Ese anuncio hizo que cayera en una espiral descendente de negatividad y tristeza que terminó de un plumazo con el buen espíritu que había mostrado en el Monte Carmelo. Sufrió una depresión total.

La caída fue tan estrepitosa que terminó corriendo unos ciento ochenta kilómetros hacia el sur, hasta que se detuvo bajo un arbusto y le dijo a Dios que quería morirse: «¡Estoy harto, Señor», le dijo, «Quítame la vida, pues no soy mejor que mis antepasados» (1 Reyes 19.4). Fue un altibajo radical; desde lo más alto a lo más bajo.

Jonás también tuvo un ministerio parecido. Mucho se lo ha criticado por haber intentado huir de Dios; sin embargo, para ser justos con él, tenemos que entender cuán increíblemente malvados habían sido los ninivitas. Ellos usaban las calaveras de sus víctimas como adornos en las fachadas de sus casas. Les extirpaban los labios y las narices para usarlos como insignias; les cortaban los párpados y luego los ataban y los ponían al sol. Puesto que no podían pestañar, no tenían cómo protegerse los ojos del candente sol hasta que quedaban ciegos, sus globos oculares se convertían en pasas. Conscientes de esto, podemos entender la reacción de Jonás de navegar en dirección opuesta a Nínive cuando Dios lo envió a predicarles.

Lo interesante es que, finalmente, aceptó ir a donde Dios lo estaba mandando. Claro, antes hizo un viaje nada cómodo por el mundo submarino. ¿Y qué habría pasado si se hubiese convertido en un *sushi* pero a la inversa, un humano crudo comido por un pez? Finalmente predicó el evangelio a una de las civilizaciones más sanguinarias de la historia y la nación entera se arrepintió. Fue tal el avivamiento que ocurrió que todos, desde el rey hasta el último aldeano, se vistieron de cilicio y ceniza para dar expresión a su remordimiento y a su arrepentimiento.

Incluso cubrieron con saco y cenizas a sus animales. ¿Puedes creerlo? ¡Hasta los perros y los gatos se salvaron!

Debe de haber sido una de las respuestas más espectaculares al mensaje de un predicador en toda la historia humana. Pero Jonás, al igual que Elías antes que él, se hundió en un abismo de desesperación que lo hizo desear morirse.

Pablo no podría sentirse ajeno a esta lucha. El mismo que escribió trece de los veintisiete libros del Nuevo Testamento fue un genio torturado. En el capítulo siete de la carta a los Romanos escribió una articulación franca y totalmente creíble en cuanto a que él mismo era su peor enemigo: «No hago lo que quiero, sino lo que aborrezco... ¡Soy un pobre miserable!» (vv. 15, 24). Se dio cuenta de que había creado sus propios demonios.

Charles Swindoll escribió: «Me alegra el hecho de que cuando Dios describe a sus hombres y mujeres, incluye hasta los defectos. No pasa por alto ni sus debilidades ni sus fragilidades». ¡Amén! Las luchas de Elías, Jonás y Pablo fueron tan reales como las tuyas. No eres el único en la batalla por evitar que tu mente trabaje en negativo. Batalla que no lleva a ninguna parte. Si piensas: *No puedo esperar hasta que madure; entonces esto que enfrento ahora ya no será un problema*, te estás preparando para una gran decepción. Hay verdad en la expresión «nuevos retos, nuevos riesgos». Que no te extrañe que la batalla se vuelva más compleja a medida que progresas en tu marcha espiritual, porque mientras más hagas, más intentará el enemigo detenerte.

Piensa en lo peor, espera lo mejor

He estado predicando por veintiún años, a tiempo completo durante quince, y me gustaría poder decirles que ganar esta batalla es pan comido. Pero en verdad, muy a menudo mi mente es un caos. Y uno de los problemas recurrentes que me arrastra es la inversión de la polaridad, de positivo a negativo, que Dios quiere para mi mente.

Es tan importante que nos convenzamos de la falsedad de este concepto ahora mismo, porque tus palabras (carta 2) y tus acciones (carta 3) comienzan como pensamientos. Para ilustrar esta verdad déjame citar una obra maestra de la película *Kung Fu Panda 3*, «Antes de la batalla física debe venir la batalla de la mente». Escúchame con mucha atención: los pensamientos negativos no pueden llevar a una vida positiva. Probablemente nunca te despiertes por las mañanas pensando: *Hoy quiero tener un mal día* u *Hoy quiero echarle a perder la vida a alguien* o *Quiero robarles la alegría a las personas con las que me encuentre*. Pero todos nos hemos permitido tener pensamientos que nos quieren llevar a vivir un día negativo.

Eso significa que puedes cambiar la forma en que te sientes, al modificar tu modo de pensar. No estoy hablando de ignorar tus emociones o de fingir que no sientes de cierta manera, sino dejar que Dios te dé una nueva perspectiva. Tus sentimientos son reales, pero no tienen que dominarte.

No estoy abogando por un tipo de pensamiento positivo esponjoso y de autoayuda en el que ingenuamente creas que porque te digas a ti mismo que todo va a estar bien, automáticamente lo estará. Recuerda, no estamos hablando de un optimismo tipo vaso medio lleno; eso es demasiado simple. Estamos hablando de una vida con positividad plena. Es cierto que tenemos un Dios que unge nuestra cabeza con aceite, que hace que la bondad y la misericordia nos sigan todos los días de nuestra vida y que prepara una mesa para nosotros (Salmos 23.5, 6), pero no pasemos por alto que la mesa que está

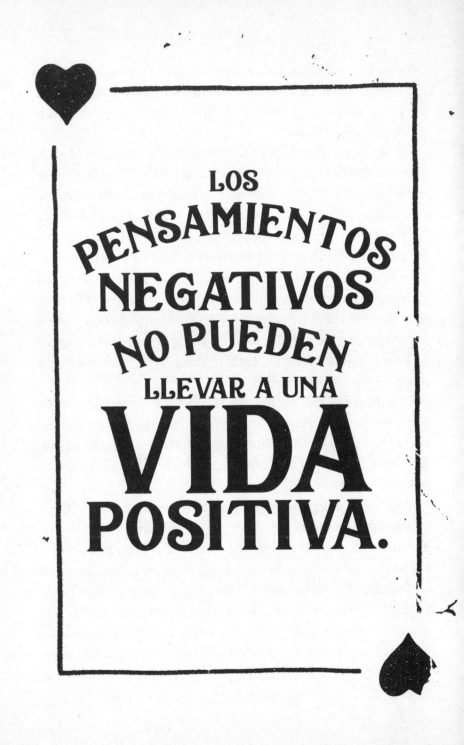

LOS PENSAMIENTOS NEGATIVOS NO PUEDEN LLEVAR A UNA VIDA POSITIVA.

preparando para nosotros está ubicada en presencia de nuestros angustiadores, lo que presupone que tenemos enemigos.

Y lo que hace por nosotros lo hace internamente, externamente, espiritualmente, profesionalmente, relacionalmente. La gente se opondrá a ti si estás en el camino correcto. Con frecuencia te vas a preguntar: ¿qué hice mal? Pero en lugar de eso la pregunta tendría que ser: ¿qué fue lo que hice *bien*?

Víctor Hugo escribió: «¿Tienes enemigos? Porque esa es la historia de cada hombre que ha hecho una gran obra o ha creado una nueva idea». Nadie puede vivir su sueño sin que otras personas intenten convertirlo en una pesadilla. La oposición es el escenario del juego en el que apuestas a cumplir el propósito con el que naciste. Por supuesto, hay una manera fácil de alejar de ti las críticas: no hacer nada, no hagas nada, no contribuyas en nada, no representes nada, no seas nada. Pero si cumples tu vocación, siempre te expondrás a los disparos de las personas que han renunciado a las suyas.

Jesús realmente dijo: «¡Ay de ustedes cuando todos los *elogien*!» (Lucas 6.26, énfasis añadido). Eso que dijo Jesús va en contra de nuestra tendencia a complacer a la gente, pero no se puede agradar a Dios y al hombre al mismo tiempo. Por supuesto, la gente tratará de llevarse a su propia boca algo de ti cuando hayas hecho una acción meritoria. ¿Sabes por qué? ¡Porque para muchos de ellos será el único bocado de grandeza que degusten!

Somete a la oposición a tu pensamiento positivo. Planifica aquellas cosas que vayan mal. Cada mes le doy a mi personal la oportunidad de trabajar con mi programa Fresh Life. Algo que hacemos con frecuencia es una lista de elementos contenidos en el concepto que llamo «Porque soy líder», en la cual menciono varias confesiones. Una de las confesiones que se hizo recientemente fue: «No me sorprenden los reveses. Los anticipo. Me dan energía, por lo que tengo un plan para enfrentarlos». Ese es el tipo de pensamiento positivo que no será devorado por la brutalidad de la vida y la regularidad de los planes que salen mal. Eso te enseña a replantear cómo ves las dificultades que enfrentas y a no ser tomado por sorpresa por ellos. Al contrario, puedes decir: «¿Por qué te has tardado tanto? Te he estado esperando». No puedes dejar de ver aquello para lo que estás preparado. Puedes predecir obstáculos y retrocesos, y preparar los pasos que darás para enfrentarlos cuando surjan. Proponte contingencias y reservas. Si no planificas, fallarás.

En este momento de mi vida, me preocuparía si estuviéramos preparándonos para una gran iniciativa o alcance en Fresh Life o algo *que no fuera* caótico. Las primeras líneas de la novela *Historia de dos ciudades* a menudo prueban ser pertinentes a todos los grandes avances: «Fue el mejor de los tiempos, fue el peor de los tiempos». Nadie me dijo cuando yo era muchacho que a menudo ambos suelen ir de la mano.

Anticipar los obstáculos y estar preparado para enfrentarlos te ayudará a replantear la historia que escribes en tu cabeza en medio de temporadas desafiantes. En el libro *Extreme Ownership: How US Navy SEALs Lead and Win* [*Compromiso extremo: Cómo las fuerzas de operaciones especiales de la Marina de los Estados Unidos, SEALs, trabajan y ganan*] los autores, dos exagentes, se refieren a una frase que ha llegado a ser un ritual. No importa lo que les ocurra en medio de toda clase de peligros que se crucen en su camino, prefieren pensar, como respuesta, en los *buenos tiempos*. Independientemente de cuán inesperada, inoportuna o inconveniente sea la tarea que se les presente, solo se permiten pensar en los *buenos tiempos*. Confían en el plan que les ha sido asignado por el oficial al mando, lo que les da confianza y seguridad para seguir adelante. Esa respuesta los pone en el estado de ánimo adecuado para mantenerse fuertes y aumentar su eficacia. En esencia, toman una situación potencialmente negativa para verla desde una perspectiva diferente. En lugar de llamarlo «malo» lo llaman «bueno». Los psicólogos llaman a esa táctica *reestructuración cogniti va*, lo que les permite avanzar de puntillas y no pisando sobre sus talones a medida que avanzan.

Te reto a que lo intentes.

¿Que se dañó la máquina lavaplatos? ¡No hay problema! *Ahora tendré algo de tiempo para pensar y escuchar un poco de música mientras lavo los platos a mano.*

¿Que está lloviendo otra vez? ¡Qué bien! Me encanta el sonido de la lluvia.

¿Que los pastelitos no vienen con queso crema? *Mejor, así me ahorro toda una tanda de ejercicios para quemar calorías en exceso.*

¿La compañía está reduciendo las horas extra? *Bueno. Durante mucho tiempo he soñado con encontrar una forma de ganar dinero online, y ahora tengo la oportunidad de hacerlo realidad.*

Sospecho que quizás te sientas presionado por lo que te digo; porque si bien tiene sentido cuando los días son lluviosos y los electrodomésticos se dañan, no es lo suficientemente convincente como para contrarrestar las terribles dificultades por las que has pasado.

Te entiendo. Pero la forma en que uses la palabra *bueno* de manera que haga que el lobo se despierte en tu corazón no es solo decir que lo malo es bueno, sino creer que el resultado final será el bien. Tu dolor es solo una escena; no es toda la película. Es un capítulo, no el libro entero. David, el agente SEAL original del Antiguo Testamento, se refiere de esta manera a la *bondad* cuando escribió: «Hubiera yo desmayado, si no creyese que veré la *bondad* de Jehová en la tierra de los vivientes» (Salmos 27.13, RVR1960, énfasis añadido).

¿Qué mantuvo a José erguido y con la frente alta cuando sus propios hermanos se volvieron contra él, la esposa de su jefe lo acusó falsamente de asalto sexual y algunas personas a las que ayudó quebrantaron sus promesas y se olvidaron de devolverle el favor? El haberse aferrado a la esperanza de que Dios estaba trabajando para que todo resultara en un bien para él. Y al final del día, así es como se cerró el círculo de su historia. Por eso les dijo a sus hermanos: «Ustedes pensaron hacerme mal, pero Dios transformó ese mal en *bien*» (Génesis 50.20, énfasis añadido).

Job sufrió como pocos. Pero Dios tenía un plan y era un plan bueno.

La bondad suprema de los planes de Dios es lo que estaba en el corazón de Pablo cuando instruyó a los tesalonicenses: «Estén siempre alegres, oren sin cesar, den gracias a Dios *en toda situación*, porque esta es su voluntad para ustedes en Cristo Jesús» (1 Tesalonicenses 5.16-18, énfasis añadido).

¿Lo captaste? Él no dijo estar agradecidos *por* todo. Se supone que no vamos a estar agradecidos por la muerte de un ser querido, por un divorcio o por haber sido despedidos del trabajo. Esas cosas no son buenas. Sin embargo, podemos estar agradecidos *en medio de* esas cosas, o *en medio de* cualesquiera otras cosas que el infierno arroje contra nosotros, porque Dios tiene un plan para producir un bien a partir de lo que estemos pasando.

En lo que a mí respecta, cuando estoy triste, pienso en este poema que una vez encontré en un devocional:

> ¿Sabríamos que los acordes mayores son dulces
>   si no hubiera una clave menor?
> ¿Sería el trabajo del pintor bello a nuestros ojos,
>   sin sombras en tierra o el mar?
> ¿Sabríamos el significado de la felicidad,
>   sentir que el día fue brillante,
> si nunca hubiéramos sabido lo que era llorar
>   ni contemplado la oscuridad de la noche?

Muchos hombres deben la grandeza de sus vidas a sus tremendas dificultades.

Enciende tu mente

Hace poco mientras caminaba por la tienda Costco vi algo que supe enseguida que cambiaría mi vida. (No; no era un buñuelo, aunque me encantan). Era un dispositivo manual para hacer arrancar (o encender) las baterías. Del tamaño de una batería de reserva para teléfonos, tiene un cable con dos pequeñas pinzas de cocodrilo para unirlo a una batería de automóvil muerta y hacerla arrancar sin necesidad de usar la batería de otro automóvil. Todo lo que hay que hacer es cargarlo a través de un cable USB y guardarlo en la guantera hasta que se necesite.

Al instante supe que eso era algo que la familia Lusko necesitaba. Reduce el riesgo de confundir la polaridad y es portátil. Eso significa que no importa dónde vayamos Jennie o yo, tendríamos la solución a la mano. Sin molestar a un extraño, sin tener que empujar un auto para acercarlo al que pudiera dar poder a la batería. Un arrancador portátil significa libertad.

Piensa en tu capacidad para revertir tu polaridad a través de la gratitud, la oración y la acción de gracias de esa manera. No te quedarás varado nunca. No tienes que esperar a que aparezca alguien y te dé una mano. Simplemente abres la guantera y ya. Tienes a tu disposición la fuente de alimentación portátil dondequiera que estés. No necesitas nada más para que la batería muerta de tus pensamientos arranque; solo necesitas cambiar tu mente de negativo a positivo.

Levi, quizás estés pensando, *esto no es ciencia espacial; es sentido común.* ¡Exactamente! La simplicidad es lo que crea la complejidad. En la vida, las cosas que son fáciles de hacer también son fáciles de no hacer. Es muy fácil perder peso: ingerir menos calorías de las que quemas y, aun así, más de dos tercios de los estadounidenses tienen sobrepeso o son, sencillamente, obesos. Convertirse en rico no debería ser difícil, solo necesitas gastar menos de lo que ganas. ¿Por qué, entonces, somos la generación más endeudada de la historia?

Saber qué hacer y hacerlo no es lo mismo. No lo llaman una actitud mental sin razón. Tienes que mentalizarte. Darte una oportunidad. Funcionará. Yo soy positivo.

CON EL TSA* EN LA MENTE

La perfección no se alcanza cuando no hay nada más que agregar, sino cuando ya no hay nada más que quitar.

—ANTOINE DE SAINT EXUPÉRY

El capítulo 2 fue una advertencia; este es la solución. Ahora que ya te hablé sobre los peligros de ser negativo, quiero decirte cómo ser positivo. Harás menos decisiones equivocadas cuando des lugar a los pensamientos correctos. No puedes vivir bien si no piensas bien.

Se dice que no debes hacer una pregunta si no quieres saber la respuesta. Lo mismo puede decirse de buscar cosas que no deseas encontrar. Por ejemplo, al pasar por seguridad en el aeropuerto, no pongas demasiada atención en la bandeja donde tienes que poner tus pertenencias.

---

* TSA es la sigla para *Transportation Security Administration*. La TSA es la compañía encargada del control de personas y equipaje en los aeropuertos de Estados Unidos.

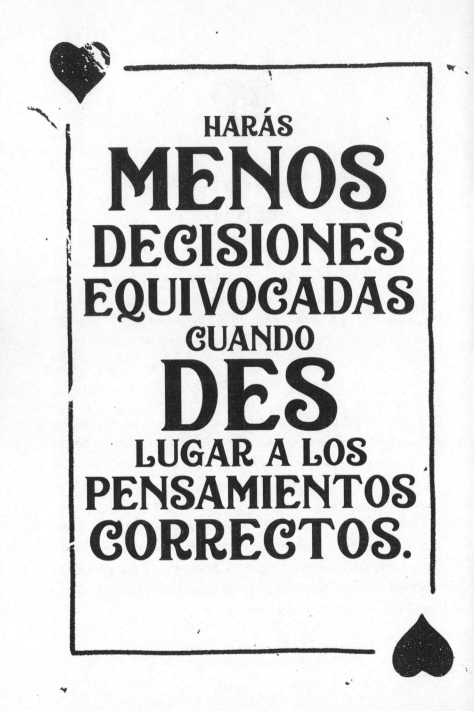

HARÁS
MENOS
DECISIONES
EQUIVOCADAS
CUANDO
DES
LUGAR A LOS
PENSAMIENTOS
CORRECTOS.

En un viaje reciente, me fijé que en el fondo de la bandeja donde estaba a punto de poner mi cinturón, el celular y la billetera, había un cabello largo y negro.

Yo soy un adulto ya plenamente desarrollado y esas cosas no deberían molestarme. Pero me molestó.

¿Qué hay en un cabello que parezca tan repugnante? ¿Alguna vez has notado cómo, diez segundos después de que un cabello deja tu cuerpo, te desentiendes completamente de él? Ha estado contigo toda la vida, pero en el momento en que te das cuenta de que está pegado a una barra de jabón o a la pared de la ducha y no a ti, lo tratas con desprecio.

No tengo absolutamente ningún espacio en mi vida para el cabello de otra persona; así es que saqué rápidamente mis cosas de aquella bandeja y busqué otra, pero esa también tenía un pelo.

¡Qué manada de mastodontes peludos habría pasado por ese aeropuerto!

Para entonces, la gente se estaba amontonando detrás de mí, así que les indiqué con la mano que estaba buscando una bandeja sin pelos. Después de mi cuarta bandeja y mi cuarto pelo suelto, ¡este último rizado!, puse mis cosas dentro de la bandeja número 5, que pasó mi examen visual. Pero cuando estaba recuperando mis artículos después de haber pasado la máquina de rayos X, lo vi: un pelo de no más de tres centímetros, guiñándome como una pestaña gigante. Tratando de no tocarlo, me estremecí, agarré mis cosas, y me dirigí a la sala de embarque. ¡Me sentí derrotado!

Cien vuelos y cien pelos después, me di cuenta: hay pelos en todas las bandejas. *¡En todas!* Verifícalo la próxima vez que vueles. *Todas* tienen pelos. Créeme. Algunos son rubios, otros son negros y otros blancos. Pero todos ellos son mi pesadilla; así es que una vez que me di cuenta de eso, decidí no volver a fijarme en una bandeja de la TSA. Es mejor no hacer ciertas preguntas.

Ahora cuando viajo, agarro la bandeja, la volteo y le doy unos cuantos golpes antes de depositar en ella mis pertenencias. Pretendo con ello que se suelte cualquier pelo que quiera entrar de polizón escondido entre mis cosas. ¿Es ese pequeño ritual suficiente como para vencer la estática que hace que esas bandejas se transformen en un nido de pelos? No lo sé. Por mí, no hay problema con el efecto placebo.

Si alguna vez me ves en una fila de la TSA y te doy la impresión que tengo la vista perdida y que estoy mirando sin ver no es porque esté drogado o porque haya pasado una noche de juerga; solo estoy tratando de no ver todo el pelo que Chewbacca [el peludo de *La guerra de las galaxias*] dejó en mi bandeja. Mientras no le preste demasiada atención, no me molestará lo que no puedo ver.

Eso me trae al asunto que quiero que toquemos. (No, no tiene que ver con pelo. Esa fue simplemente la oportunidad de obtener una terapia gratuita, ya que Jennie y las chicas ya no me escucharán quejarme sobre el tema). Quiero hablarte sobre la seguridad y la necesidad de establecer puntos de control en tu mente.

En cualquiera batalla, la ventaja siempre la tiene quien consigue apoderarse de las posiciones elevadas. Por eso era tan importante para que los británicos desplazaran a las fuerzas estadounidenses en la Batalla de Bunker Hill, para que los aliados tomaran Normandía, para que Estados Unidos derrotara a Rusia en la carrera espacial y para que Elon Musk nos llevara al planeta Marte.

Es fundamental que te des cuenta de que tu mente es la posición elevada de tu vida. En *El paraíso perdido*, John Milton dice: «La mente lleva en sí misma su propia morada y puede en sí misma hacer un cielo del infierno o un infierno del cielo».

Cuando enseñé a mi hija Alivia a deslizarse por la nieve en una tabla, sin bastones, una de las cosas más importantes que traté de hacerle entender fue que, según hacia donde volviera su cabeza, en esa misma dirección giraría su cuerpo. Si quería dar un giro hacia el borde del talón, tenía que mirar por encima del hombro izquierdo. Para girar hacia el borde del pie, necesitaba mirar por encima del hombro derecho. Si no lo hacía así, todo esfuerzo sería infructuoso. El cuerpo sigue fielmente la dirección que le da tu cabeza.

Es por eso que necesitas un punto de control estilo TSA en tu cabeza. El TSA es el que controla. El TSA es responsable de todo lo que se embarca en un avión. Una vez que llegas al punto de control, quedas totalmente a su merced. ¿Traes fuegos artificiales? Se quedan. ¿Traes una botella de champú de seis onzas en tu equipaje de mano? Despídete de ella. ¿Repelente? ¿Gas pimienta? Sayonara. ¡Adiós! Debes hacer lo que te indiquen los agentes de la TSA y solo puedes llevar más allá del punto de control lo que consideren que no ofrece peligro.

Y si alguna vez olvidas tu identificación, descubrirás hasta dónde los agentes del TSA pueden llegar en el cumplimiento de sus funciones. A modo ilustrativo, traigo a colación lo que me pasó una vez que estaba volando a Nueva Jersey. Llevaba conmigo una licencia de conducir temporal, de esas de papel que te dan mientras recibes la tarjeta de plástico definitiva. En el aeropuerto desde donde inicié el viaje, no tuve ningún problema con esa identificación, pero no me fue tan bien en el aeropuerto de Newark. Allí, el funcionario de la TSA no la consideró válida, así que me llevó a un lugar aparte y me explicó que tendría que hacer un examen minucioso de mi persona y mis pertenencias. Acto seguido deslizó las palmas de sus manos por cada centímetro de mi cuerpo. He estado casado durante trece años, pero esa inspección llegó a lugares que mi esposa ni siquiera conoce.

El funcionario fue un gran profesional. Incluso me dio un cigarrillo después. (Es broma).

Sé que esto que te cuento puede sonar un poco a queja pero no lo es; en realidad, es una recomendación para que apliques más análisis en tu vida, no menos. Deberías pasar por tu TSA cada vez que hagas algo, pero quiero que tú mismo seas el agente TSA. (Hasta podrías usar la insignia). Imagínate instalado en tu mente un control de rayos X, de esos que te hacen levantar los brazos y te ven de pies a cabeza. Así, antes de dejar que tu cerebro pida un pastel de canela y te dejes caer en una silla en la puerta E17, debes forzar tus pensamientos a pasar por la inspección.

¿Y usted es...?

¿Documentos de embarque?

Quizás deberías agregar un agente de aduanas a la rutina, que podrías ser tú mismo.

¿Propósito de su viaje? ¿Cuánto tiempo piensa quedarse en el país?

No solo tienes permiso para revisar tus pensamientos, la Biblia ordena explícitamente que lo hagas: «Por último, hermanos, consideren bien todo lo verdadero, todo lo respetable, todo lo justo, todo lo puro, todo lo amable, todo lo digno de admiración, en fin, todo lo que sea excelente o merezca elogio» (Filipenses 4.8). Pablo recomendaba tener un filtro en la cabeza, un proceso de revisión por el que pasen los pensamientos antes de dejarlos entrar y que se sientan a gusto. *¿Eres verdad? Bueno... realmente no. Lo sentimos, se te niega la entrada.*

¿Eres noble? La verdad que no. ¿Y qué me dices de tu pureza? No. No puedes entrar. ¿Se te podría describir como simpático? Definitivamente, no. Entonces, adiós.

Otras versiones de la Biblia dicen que debemos permitir en nuestra mente «lo mejor, en lugar de lo peor; lo hermoso, en lugar de lo feo, cosas para alabanza, en lugar de cosas para maldición».

¿Puedes imaginarte qué diferente sería llevar a tus hijos a jugar al parque, ayudar en el lavado de la ropa, en el proceso de dar a luz, dirigir una reunión del personal, salir a correr o esperar hasta quedarte dormido si tu mente aceptara «lo mejor en lugar de lo peor; lo hermoso en lugar de lo feo»? ¿Reconocerías a la persona llena de paz en la que te habrías convertido?

Un estudio de la década de 1980 reveló que las personas tienen en promedio quinientos pensamientos involuntarios o no deseados cada dieciséis horas, cada uno con una duración promedio de catorce segundos. Muchas de estas intrusiones son solo preocupaciones o pensamientos ansiosos; el dieciocho por ciento es malo, inaceptable o políticamente incorrecto, y el trece por ciento es feo o francamente impactante: como empujar a un extraño fuera de la plataforma del metro, atropellar a un peatón, apuñalar a un compañero, violar o estrangular a alguien, sofocar a un padre anciano o conducir un coche fuera de un puente.

Eso equivale a ciento dieciséis minutos al día de algún tipo de pensamientos no deseados, inoportunos e inútiles que nos roban nuestra alegría y neutralizan nuestra efectividad.

Para ser claros, el problema no es que esos pensamientos aparezcan. El problema es que les permitamos instalarse en nuestra mente y que pasen allí la noche. Un viejo dicho nos advierte que no podemos evitar que las aves revoloteen sobre nuestras cabezas, pero sí podemos no permitirles que hagan nido en ellas.

Por eso, es tan esencial que instales un punto de control en tu mente. Sin ese filtro, te arriesgas a dos horas de pensamientos que se cuelan furtivamente y causan cantidades incalculables de terror y daño a tu paz y al poder que Dios te ha dado. Cuando obligas a cada pensamiento a pasar por esa evaluación antes de permitir que permanezca, puedes recuperar el control sobre el miedo, la vergüenza, los celos, la culpa y la duda.

Descubrirás que estar alerta a lo que estás pensando tendrá un gran impacto en tus emociones. Recuerda: al cambiar tu forma de pensar cambiará la forma en que te sientes. Adonde va la cabeza, va el cuerpo.

Soy un bebé grande y también un fanático del control. Cuando las cosas no salen como quiero, o cuando mis planes cambian o son malinterpretados, hago berrinches. Me siento como un pájaro cuyas plumas están moviéndose en la dirección equivocada. Siento que mi yo perverso quiere encabritarse; sin embargo, cuando paso esos pensamientos negativos a través del escáner, puedo ver claramente que estoy pensando solo en mí mismo. Si me tomo el tiempo para analizar por qué estoy tan enojado y qué me está haciendo gritarles a mis hijos, perder la paciencia con mi esposa, tratar mal a alguien en el trabajo, o enojarme con un extraño que me parece un completo idiota, puedo rastrear esas acciones hasta los sentimientos, y de estos a los pensamientos que nunca debería haber permitido que hicieran nido en mi cabeza.

Medita en una ocasión en que hiciste algo de lo que tuviste que arrepentirte: bloquear a alguien mientras conducías, enviar un texto grosero, regañar a alguien. (Si no encuentras nada, siéntete en libertad de usar uno de los ejemplos de mi vida; tengo una cantidad enorme de errores con los que podrías trabajar). Y piensa en los sentimientos que te llevaron a esa decisión. Detrás de esos sentimientos probablemente había pensamientos intrusos que no eran tuyos.

YO TE ELIJO A TI

Me encanta visitar la ciudad de Nueva York. Es diferente a cualquier otro lugar en la tierra. Su rumor es contagioso y no puedo evitar sentir que mi corazón se acelera al estar allí. Me encanta levantarme temprano y caminar por las calles de Manhattan antes de que los ruidos se posesionen de la ciudad. Nueva York podría ser la ciudad que nunca duerme, pero, los fines de semana, definitivamente duerme. Si te levantas en el momento adecuado, puedes tener la ciudad exclusivamente para ti. Ver el amanecer mientras caminas por las calles adoquinadas es espectacular.

A pesar de las muchas veces que he estado en Nueva York, sigo siendo un inexperto para movilizarme en el metro. Aunque sepa qué tren debo abordar, nunca sé ubicarme en la plataforma correcta, lo cual es determinante si quiero ir hacia un extremo de la ciudad o al otro. Me da mucha pena admitirlo pero más veces de las que querría hacerlo, me he subido a un tren que me lleva en dirección opuesta a donde quiero ir. Ver las lucecitas que se van encendiendo en el mapa dentro del tren a medida que avanza me resulta angustiante.

A mi amigo Kevin Gerald le gusta decir que «los pensamientos son como los trenes; siempre te llevan a algún lugar». Y yo te digo que cuando aparezca un tren de pensamiento, ¡no entres al primer impulso! Asegúrate antes de abordar de que va en la dirección a la que tú quieres ir. Pregúntale: *¿A dónde me quieres llevar? ¿Al pueblo del encanto, a la villa de la virtud, o al pueblo de los celos, o a la ciudad de la ira o a la central de la murmuración? Si vas en estas últimas direcciones, lo siento, no me interesa ir hacia allá. A diferencia de Lisa Simpson, ¡no te elijo a ti!*

Esta es una estrategia obvia cuando te encuentras con un pensamiento perverso. Los pensamientos de homicidio, por ejemplo, se pueden identificar prontamente como trenes a los que no conviene subir. Pero también puedes evitar subir a trenes como estos:

- *Nunca alcanzarás el éxito; ya llegaste a tu punto máximo.*
- *Nunca podrás librarte de tu pasado.*
- *Nunca harás realidad tus sueños.*
- *Nunca saldrás vivo de esto.*
- *Tú no tienes lo que se requiere.*
- *No verás crecer a tus hijos.*
- *Estás marcado por las cosas difíciles por las que has pasado.*
- *Tú no mereces nada bueno.*
- *Nadie te ama, y deberías simplemente morir.*

A veces, sin embargo, es difícil ver los trenes que se dirigen a destinos negativos. Fíjate en pensamientos como estos:

- Desconfiar de los motivos de las personas.
- Preguntarte qué salió mal.
- Sentirte culpable.
- Dudar y cuestionar a Dios.

- Preocuparte.
- Obsesionarte porque no fuiste invitado.
- Temer que alguien a quien amas sufra un accidente.
- Sentir secretamente alegría cuando algo malo le sucede a alguien a quien no quieres.
- Inquieto sobre tu futuro.
- Preocuparte por algo que te hicieron.

El punto es: tienes una elección que hacer.

ÉCHALO AL POZO DE LA DESESPERACIÓN

Lo primero que tienes que hacer es no abordar el tren que te puede llevar a un destino peligroso. ¿Qué puedes hacer cuando te encuentras con un pensamiento que no pasa la inspección?

Lo mismo que hace la TSA cuando la máquina de rayos X revela que en tu equipaje de mano llevas un arma. Lo detienes; no lo dejas entrar en tu mente ni por un minuto. No te muestras misericordioso con él. No le das acogida. Envía ese pensamiento al abismo de la desesperación para que el hombre de seis dedos y el albino puedan torturarlo.

No seas amable. Recuerda, esta es una guerra.

Este es el momento para que el lobo se despierte en tu corazón. Como dijo Teddy Roosevelt: «Es mil veces mejor errar por exceso de preparación para pelear que errar por la sumisión dócil a la injuria o a la indiferencia ante la miseria de los oprimidos». Puse a mis hijas en clases de boxeo porque quiero que hablen suavemente y tengan un tremendo gancho de izquierda. Tú tienes que usar el gancho de izquierda cuando tus pensamientos te opriman y te hagan sentirte desdichado.

No puedes dejar de pensar en algo tratando de no pensar en ello. La única manera de no pensar en elefantes rosados es pensar en otra cosa. Tienes que alimentar lo positivo y reemplazar lo negativo.

La oscuridad no se va gritándole, agitando los brazos ni deseando que se vaya; la oscuridad se va cuando cruzas la habitación y accionas el interruptor. (O le pides a Alexa que encienda las luces).

Nunca vayas a donde no quieres ir. No pienses en lo que no quieres pensar; en lugar de eso, dirige tus pensamientos a un mejor destino. Eso es lo que Pablo quiso decir cuando escribió: «Concentren su atención en las cosas de arriba, no en las de la tierra» (Colosenses 3.2). He encontrado que la mejor manera de hacerlo es recitando las Escrituras y entonando canciones de adoración. Pablo también señaló el poder de esta estrategia: «Que habite en ustedes la palabra de Cristo con toda su riqueza: instrúyanse y aconséjense unos a otros con toda sabiduría; canten salmos, himnos y canciones espirituales a Dios, con gratitud de corazón» (v. 16). La Escritura pone tu mente y tu corazón en una modalidad de avión que lo hace impermeable a la comunicación de bajo nivel y bajos pensamientos con lo que a menudo la vida nos bombardea.

Al final del libro, he incluido algunos de mis versículos favoritos, que te animo a revisar. Memoriza los que prefieras. Cada vez que un pensamiento no pase la inspección, usa uno de tales versículos para deshacerte de ese pensamiento.

Por cierto, en estos momentos me encuentro en la mitad de un viaje, y acabo de descubrir en mi mochila una navaja de quince centímetros que pasó el punto de seguridad sin que fuera detectada. Y tengo un segmento más de viaje.

La parte divertida de esta situación es que cuando pasé por seguridad, mi bolso fue retenido para una revisión adicional. Cuando el agente de la TSA lo revisó, sacó una batería de repuesto de mi teléfono y me dijo que eso era lo que había disparado los sensores. Nadie se percató de la presencia de la navaja, que estaba justo debajo de la batería.

Así que, mientras escribo este capítulo sobre la importancia de los exámenes de la TSA, he pasado una navaja extremadamente afilada a la cabina del avión. Les advierto que si el resto de este libro es solo páginas en blanco, sabrán por qué. Estaré sentado en una prisión federal en alguna parte, cumpliendo mi tiempo, porque no tuve a la TSA en mi cabeza.

El SECRETO DE UNA VIDA MISERABLE

Cuán grande sería tu vida si pudieras
volverte más pequeño en ella.

—G. K. CHESTERTON

Permanecí acostado de espalda cubierto por una bata del hospital y una vía intravenosa en el brazo. Cuando la enfermera levantó la bata, cerré los ojos para no ver cómo quedaban al descubierto las intimidades que Dios me había dado. Tenía catorce años. Fue humillante. Si hubiese podido, habría muerto allí mismo. No puedo dejar de reconocer que la enfermera fue muy profesional. Pero, a mis catorce años, esa era la primera vez que me veía —y me veían— en tales circunstancias.

Sin embargo, las cosas se pusieron peor. La misma enfermera, acompañada esta vez por un enfermero hombre, me dijo que tendrían que afeitarme «esa parte» para la cirugía a la vez que se disculpaba por sus manos frías.

Todo había comenzado en la escuela secundaria. Sin siquiera darme cuenta, mi visión se había echado a perder. Los maestros me preguntaban qué había en la pizarra y yo les decía: «No sé», no porque no supiera, sino porque realmente no podía ver. Todo era sencillamente borroso. Cuando me presionaban para que leyera una frase o un problema matemático y yo no lo hacía, interpretaban mi falta de respuesta como que simplemente no me daba la gana de contestar. Y eso me fue metiendo en problemas. Todavía me puedo ver en esa clase de inglés y matemáticas de sexto grado, en la escuela Dwight D. Eisenhower, mirando fijamente a un profesor iracundo y un pizarrón borroso que no podía leer. Hasta que un día, mi mamá me sorprendió entrecerrando los ojos y sospechó que a su hijo tenían que revisarle la vista. El optometrista se sorprendió de que hubiera pasado tanto tiempo con una visión tan mala. De inmediato prescribió lentes. Mientras regresábamos a casa recuerdo haber podido ver cada hoja de cada árbol. Todo parecía tan brillante y vívido. Me decía: «¡Ah, entonces así es como se ve el mundo!».

Pensarías que los anteojos solucionaron mis problemas, pero no fue así; más bien, crearon otros nuevos. Porque no me gustaba como se me veían. Irónicamente, ahora, esos marcos redondos y con manchas de tortuga son el último grito de la moda pero, en la década de 1990, simplemente lucían patéticos. Agregado a mis anteojos horribles está el hecho de que yo era asmático, uno de los más pequeños de mi clase, y tenía dientes de conejo. En el octavo grado estaba haciendo todo lo posible para lidiar con el volcán de inseguridad que hacía erupción en mí.

En mi grado había un grupo de muchachos a los que admiraba tanto que quería ser como ellos. Usaban pantalones vaqueros de pierna ancha, zapatillas tenis y camisetas estampadas con nombres de marcas como *Mossimo*, *No Fear*, *Rusty* y *Billabong*. Escuchaban a Nirvana y usaban mochilas con correajes. Mi mayor deseo era ser aceptado en su círculo.

Llegué a extremos increíbles para ser como ellos. Ahorré dinero para comprar una patineta por catálogo como la que tenían ellos y ropa como la que usaban. Sus zapatos lucían maltratados por tantos golpes que habían recibido jugando con sus patinetas; los míos, en cambio, se veían nuevos e impecables. Así es que, para ser como ellos, empecé a patear lo que encontraba a mi paso. Para acelerar el proceso los gastaba con papel de lija. Pero todo eso no era más que ficción. Yo no era más que un farsante.

A pesar de que mi fidelidad no los conmovía, los seguía a todas partes. Con el tiempo, sin embargo, aceptaron en cierto modo mi presencia; no obstante, a pesar de eso, siempre me sentía como si estuviera fuera del grupo. Algo en mí me decía que no era uno de ellos. Eso se hizo más evidente por el apodo que me pusieron: «Ratboy» (Cara de ratón). Yo me reía y aparentaba hallarle gracia, pero interiormente, me dolía. Ese sobrenombre me hacía sentir como su mascota más que como su amigo.

Algunas veces decía algo que a ellos les parecía gracioso y se reían. Y yo me sentía como si acabara de aspirar cocaína. No, era mejor que la droga. De vez en cuando bebía con ellos licor, fumaba cigarrillos y marihuana. Pero, en lugar de sentirme eufórico, me sentía vacío y enfermo. Sin embargo, tratar de ser como ellos era mucho más adictivo; era una validación pura, sin cortes y de primer nivel. Y me enganché.

Nada de mi relación con ellos era bueno. Me enseñaron a aspirar marcadores, pintura o disolvente para drogarme. Ellos acostumbraban provocarse desmayos para experimentar una euforia superior. ¿Cómo lo hacían? Uno de ellos aspiraría lo más posible durante un minuto y detendría la respiración; entonces los demás le presionaban fuertemente el pecho hasta que se desmayaba y caía desplomado al suelo. A veces, para desmayarse, aspiraban gases tóxicos. Ahora pienso que no había nada más estúpido que participar en esas prácticas. Bien pude haber muerto.

Siempre tenían algunas chicas que eran sus admiradoras. No se trataba de una relación estable entre alguna de ellas y uno de los muchachos, sino que la conexión era simplemente circunstancial. Ellas me trataban como a un hermanito menor. Eso me molestaba y me hacía sufrir sentimentalmente. Me frustraba sentirme atrapado en esa relación de mis amigos con las chicas sin que hubiera algo romántico de por medio.

Una de las cosas que más me desagradaba al estar metido en ese grupo era lo extraño que me sentía al intentar convertirme en parte de su mundo. Además de llamarme Ratboy tenía que soportar «el jueguito» que acostumbraban practicar pateándome entre las piernas. Pero eso no solo lo hacían conmigo. Lo practicaban, felices, entre ellos mismos. La violencia física era algo muy parecido a un rito de iniciación. Más de una vez, uno de ellos me atormentaría hasta que me desplomaba como una lata vacía que había sido aplastada mientras todos se reían y se burlaban de lo gracioso que les resultaba. En una ocasión en que entraron al vestuario después de que me habían «desmayado», no dejaban de reír. Al tratar de saber la causa de la risa, me dijeron lo que habían hecho conmigo mientras yo estaba desmayado.

Hace poco leí que para la mayoría de los estadounidenses pasar por la escuela intermedia es el peor momento de sus vidas. No fue pan comido para mí.

Por último, empecé a tener problemas «en mis partes íntimas». Te ahorraré los detalles, pero se me produjeron serias inflamaciones. Procuré mantener el secreto, pero cuando las cosas se pusieron peor, de mala gana les dije a mis padres que tendría que ir al médico. No dije nada en cuanto a que mis «amigos» habían hecho una costumbre darme de patadas en la zona afectada. Al examinarme, el médico me dijo que por la seriedad de la lesión iba a necesitar cirugía.

Nunca les dije a «mis amigos» lo que me había sucedido. Me recuperé por completo y me aseguré de no volverme a acercar a ellos para seguir recibiendo patadas. Salí adelante, pero la experiencia me marcó, tanto emocionalmente como en otros sentidos. Al final del octavo grado, casi todos los comentarios que escribieron en mi anuario esos «amigos» estaban dirigidos al Ratboy e incluían frases como: «No te enamores del queso», «Cuídate de las trampas»; ¿Para qué quieres enemigos con amigos como esos?

Al año siguiente, varios de ellos se mudaron o se transfirieron a diferentes escuelas, y el grupo desapareció. Sin la influencia de ellos, hice realmente nuevos buenos amigos, se acabaron las intimidaciones, empecé a desarrollarme físicamente, convencí a mis padres de que me compraran lentes de contacto y desarrollé un caparazón de humor y sarcasmo para evitar aparecer débil.

Al ver en retrospectiva a aquel grupo de condiscípulos, descubro que no me siento enojado con ellos por lo que me hicieron. Más bien me siento triste por mis esfuerzos para que me quisieran y por no haberme respetado hasta el punto de poner en peligro mi salud.

La inseguridad enmascarada

No se necesita ser psicólogo para saber que este tipo de situaciones estresantes afectan tu desarrollo emocional evitando que llegues a ser lo que debieras. En mi caso, esa experiencia plantó en mí semillas de inseguridad cuya cosecha, a su tiempo, fue la angustia.

He aquí mi confesión: me importa demasiado lo que otras personas piensen de mí, y la verdad es que quiero destacarme y que me acepten. Quiero que otros me quieran, ya que tengo problemas para quererme a mí mismo. Necesito que otros me valoricen. Muchos de los problemas de mi vida provienen del anhelo de pertenecer al «círculo» y tener un asiento allí. Que me quieran, me feliciten y me aprueben. Olvido que *ya* tengo todo eso en Jesús. Con una amnesia similar a la de Drew Barrymore en *50 primeras citas*, busco versiones menores de cosas que ya son mías.

He llegado a comprender que querer complacer a las personas está completamente motivado por el egoísmo, porque termina señalando hacia mí y cómo me siento con respecto a mí mismo. También descubrí que cuanto más piensas acerca de ti mismo, más miserable te sientes. El narcisismo conduce a la soledad. Vivir de tus inseguridades es el secreto de una vida miserable.

Es hora de dejar que el lobo se despierte y de declarar la guerra a una miserable forma de vivir.

Dudo que yo sea la única persona en el mundo que haya tenido que someterse a una cirugía debido a la inseguridad. La mía fue para curar una herida que me provocaron personas con las que quería congraciarme; quizás la tuya haya sido por realzar tu figura o cambiar tu apariencia para que otros te quieran. Lo que viene a ser lo mismo.

Mi teoría es que ninguno de nosotros abandona realmente la escuela secundaria. Las condiciones cambian pero el deseo de complacer a la gente nunca desaparece. En vez de preocuparte que tus amigos se fijen en que tus zapatos deportivos han sido estropeados adrede, te preocupas de que descubran que tu mochila es solo una imitación. En vez de imitar gustos de un círculo de muchachos en la escuela, estás imitando el «me gusta» en Instagram. En lugar de comparar el tamaño de tus saltos con los de tus amigos, estás comparando el tamaño de tu cheque y los metros cuadrados que tiene tu casa.

La inseguridad es falta de confianza. Viene de la incertidumbre sobre lo que vales, o cuál es tu lugar en el mundo. La inseguridad es creer que no eres lo suficientemente atractivo, lo suficientemente rico, lo suficientemente fuerte, lo suficientemente inteligente, y que no tienes lo que se necesita, que no eres un genio, que las mentiras y las falsedades que alguna gente ha dicho de ti son verdad. Que eres un caso perdido y que si la gente realmente te conociera, no te aceptaría. Te sientes fuera de su alcance, inadecuado y sin las cualificaciones necesarias.

¿Luchas con situaciones como las que te he descrito? Ya somos dos. Yo también lucho con ellas.

Como resultado, nos escondemos detrás de mecanismos de defensa que, como máscaras, encubren nuestro verdadero yo.

- Uno de esos mecanismos es la *agresividad*: tratar de hacer que otras personas se sientan pequeñas porque tú te sientes pequeño y en tu desdicha necesitas compañía. Usas la máscara «Yo soy mejor que tú», que siempre llevas puesta. La falacia de este mecanismo de defensa es que nunca podrás levantarte reduciendo el tamaño de los demás. Así nunca lograrás lo que quieres.
- Está la defensa del «Yo *estoy bien*», aparentando que todo está bien en tu vida y actuando como si no te importara lo que piensen los demás. Es una reacción como que «los palos y las piedras pueden romperme los huesos pero

las palabras nunca me causarán daño», pero es solo un barniz que cubre tu tristeza interior. Usas una máscara de cara sonriente que proyecta que todo está bien, a pesar de que por dentro estás llorando.

- Resaltar *tu atractivo sexual* es otra estrategia falsa. Ella, blusas reveladoras, faldas más cortas, exhibición del cuerpo en trajes de baño diminutos; él, pasar tiempo exagerado en el gimnasio para llegar a tener un cuerpo escultural como el de Zac Efron, del programa *Guardianes de la bahía*, y lucirlo en el verano. Esta es la máscara tipo *Cincuenta sombras de Grey*. Anhelas atención, buscando que validen tu atractivo, esperando la aprobación que se obtiene al ser notado.

- En cuanto a mí, mi principal mecanismo de defensa es presentarme como un *tipo gracioso*. Necesito que la gente se ría, que piense que soy divertido. Yo usaba la máscara de payaso en la clase porque me molestaban. Ese caparazón se hizo más duro para protegerme de mi sensación de debilidad y para sentirme como si fuera indiferente. Quizás tú también has tenido esta tendencia de convertir todo en una broma o de hacer comentarios autodestructivos. El humor sirve para que desvíes la atención de lo que te hace sentir inseguro.

Luego está *la defensa religiosa*: la máscara «Soy muy santo». Las personas que se esconden detrás de su religión presumen de cuántos versículos de la Biblia han memorizado, o con qué frecuencia van a la iglesia, o cuánto dan a los pobres, o qué han hecho para Dios. Jesús respondió a este mecanismo de defensa directamente cuando advirtió a sus discípulos que no fueran como los fariseos que usaban máscaras religiosas:

«Cuídense de la levadura de los fariseos, o sea, de la hipocresía. No hay nada encubierto que no llegue a revelarse, ni nada escondido que no llegue a conocerse. Así que todo lo que ustedes han dicho en la oscuridad se dará a conocer a plena luz, y lo que han susurrado a puerta cerrada se proclamará desde las azoteas» (Lucas 12.1-3).

El problema con la máscara religiosa es que —como afirma Eugene Peterson en la versión bíblica inglesa *The Message*—, «La preocupación principal de la vida espiritual no es lo que hacemos por Dios, sino lo que Dios hace por nosotros». Creemos erróneamente que las bendiciones de él están determinadas por nuestro comportamiento, pero la verdad es que sus bendiciones vienen primero, son completamente inmerecidas, y eso es lo que nos lleva a cambiar nuestro comportamiento. A eso se le llama gracia. Y la gracia lo cambia todo.

- Anteriormente escribí sobre mi experiencia *tratando de ser como los demás*: es la máscara de la *Guerra de los clones*. Déjame recordarte que esta máscara nunca se va; simplemente se vuelve más caro mantenerse al día con los vecinos. Por ejemplo, ¿qué parte de la deuda de nuestra tarjeta de crédito proviene de tratar de mantenernos al nivel de los demás?

- A veces respondemos a la inseguridad *adormeciéndonos a nosotros mismos*. Consumir drogas y alcohol, mirar pornografía o pasar tiempo metidos en las redes sociales o ir de compras es como ponerle una máscara zombi a nuestras emociones. ¿Por qué sentirte triste cuando puedes tener un golpe instantáneo de dopamina, «la hormona

de la felicidad» a través de *Amazon Prime*? El problema
con el adormecimiento es que, para citar a Brene Brown,
«No podemos adormecer selectivamente las emociones.
Cuando adormecemos las emociones dolorosas, también
adormecemos las emociones positivas». A fin de cuentas,
terminamos no teniendo ni dolor ni placer, ni alegría ni
tristeza. Simplemente no sentimos nada.

- Y, por supuesto, está la *compensación*: la clásica respuesta a la inseguridad, demostrada por Napoleón, que
compensó su pequeña estatura con exageradas bravuco-
nadas. La compensación pareciera estar constantemente
cayendo, levantándose y presumiendo de sus logros; con-
virtiendo todo en una competencia. Esta máscara dorada
con incrustaciones de diamantes no solo está drenando a
los que te rodean, que constantemente sienten que están
viendo un espectáculo, sino que termina agotándote en
tus intentos por mantener tus pretensiones. Lo único más
agotador que estar cerca de una persona insegura es ser
una persona insegura.

Cuando vienes de una posición insegura, es imposible disfrutar de la vida porque siempre estarás temiendo que se te
caiga la máscara. Es irónico que nos pongamos máscaras con
la esperanza de encontrar amor y aceptación, pero la gente
no puede amar a alguien que no conoce. De lo que se están
enamorando no es de ti, sino que de tu máscara, una versión
superficial de ti, un disfraz que has adoptado cuidadosamente.

Piensa en las consecuencias a largo plazo de intentar establecer vínculos sin que seas auténticamente tú. Lo que usas
para obtener, debes usarlo para mantener.

CON Y SIN MÁSCARA

La consecuencia de usar una máscara es quedar atrapado en ella. Si consigues un empleo con la máscara puesta, deberás usarla todos los días en el trabajo. Si consigues una amistad con la máscara puesta, deberás usarla siempre que estés con esa persona. «Fingir hasta que lo consigas» es a veces un buen consejo (en la tercera sección del libro, voy a hablar sobre cómo puede ser importante cuando se trata de hacer lo correcto cuando no tienes ganas de hacerlo), pero cuando se trata de ser falso como una forma de cubrir tus inseguridades, en realidad nunca lo logras. Si finges, tendrás que seguir fingiendo.

El autor Donald Miller escribió en su libro *Aterradora cercanía* (una mirada increíble y profunda sobre lo que estamos tratando en este capítulo): «La honestidad es la tierra en la que crece la intimidad». Las relaciones ricas prosperan solo cuando se es real y transparente. El engaño erosiona la hermosa clase de vulnerabilidad «desnuda y sin retraimiento» que es la base de las relaciones sanas y satisfactorias.

¿Con qué mecanismos de defensa estás luchando tú? Es posible que necesites un armario completo para tus máscaras, ya que tienes una para cada situación. Y esto es lo que más complica las cosas, porque cuando tienes diferentes respuestas para diversas situaciones, es difícil recordar qué máscara tienes que usar para un momento en particular. Como dice el poema de Walter Scott: «¡Oh! ¡Qué enmarañada red tejemos / cuando empezamos engañando!». Es mucho menos trabajo ser auténtico.

¿Qué fue lo que te indujo a usar una máscara la primera vez? ¿Por qué recurres al látex sobre tu piel? Quizás sea porque tú y yo no nos sentimos bien con nosotros mismos. Creemos en las mentiras, esas que dicen que tú eres lo que haces o lo que has logrado hacer: *Yo soy lo que dice mi promedio de notas. Soy el tamaño de mi cintura. Soy lo que dicen mis seguidores en las redes sociales. Solo me siento bien cuando asisto a la iglesia los domingos o cuando mi podcast tiene muchos seguidores.*

Parafraseando otro concepto de *Aterradora cercanía* que concuerda con mi experiencia: no siempre fue así. Cuando éramos niños, nos dedicábamos a jugar. Nos columpiábamos, construíamos cosas con piedras y sonreíamos al sol. Pero en algún momento, nos enfrentamos a una frustración o a algo que nos hizo avergonzarnos. En algún punto del camino, nos dimos cuenta de que no éramos como los demás niños, o que no cumplíamos con los exigentes estándares de nuestros padres. Y como nos sentimos inadecuados e inseguros, desarrollamos una apariencia falsa ante los demás. Ansiando amor y aceptación, nos pusimos máscaras puesto que no nos sentíamos dignos de amor sin ellas.

El mayor problema con los mecanismos de defensa es que cuando te pones una máscara, te estás ocultando de la bendición de Dios.

Cuando se va a pintar una habitación, primero hay que cubrir con cinta adhesiva las partes donde no debe llegar la pintura: los interruptores, los zócalos, los marcos de las ventanas. De esa manera, la pintura va solo a las áreas que no están cubiertas por la cinta. Lo mismo ocurre cuando alguien se pone una máscara: la bendición, como la pintura, no llega a lo que está cubierto. El anhelo de Dios es colmarte de su gracia; quiere cubrirte con su favor, expresarte su amor, darte lo mejor de sus bendiciones; quiere que tu copa rebose; quiere ungir tu cabeza con aceite. Él ha estado deseando hacer eso desde

CUANDO TE PONES UNA MÁSCARA TE ESTÁS OCULTANDO DE LA BENDICIÓN DE DIOS.

antes de la fundación del mundo. Pero no puede hacerlo si sigue encontrándose con la persona que te gustaría ser y no con la que realmente eres. Tu máscara es el impedimento que lo frena.

¡Pon atención a esto! Tú eres una creación formidable y maravillosa (Salmos 139.14). Eres único; eres una hermosa obra de arte; eres el poema de Dios, su obra maestra. Eres lo que él piensa, no lo que tú piensas.

Cuando te asombras y no finges, como cuando eras niño, eres lo que Dios ideó que fueras. Lo que sea que hagas, falso o mentira, que no sea fiel a la forma en que Dios te creó, es como la cinta que cubre o enmascara.

La cura para la inseguridad es que entiendas tu verdadera identidad. Cuando Gedeón, el juez del Antiguo Testamento, dudó de sí mismo y trató de ponerse una máscara, Dios le dijo que era un hombre valiente y poderoso, y que debía reconocer su verdadera identidad, confiar en Dios y lograr grandes cosas (Jueces 6.12). Por eso fue que Dios no quiso que Gedeón peleara contra el ejército madianita formado por más de cien mil soldados con los treinta y dos mil soldados que había escogido, sino solo con trescientos. Los soldados que había seleccionado se habían convertido en otra máscara, pero Dios se la quitó para no dejar que Gedeón se escondiera detrás de ella. (Te invito a que leas esta fascinante historia que se encuentra en el capítulo 9 del libro de los Jueces).

Cuando sabes quién eres, no importa lo que no eres.

Eres amado por Dios. Es por eso que te hizo y es por eso que te salvó. Por eso fue que derramó la sangre de su Hijo y te llenó con su Espíritu. Por eso fue que te llamó. ¡Eres amado por Dios! No necesitas la aprobación de nadie más, porque los únicos «me gusta» que realmente importan vienen del cielo, y ya son tuyos.

DIOS
NO SE QUEDÓ
ATASCADO
CONTIGO:
ÉL TE
ELIGIÓ.

Dios no se quedó atascado contigo; él te *eligió*. No eras un elefante blanco de regalo; Dios te escogió conociendo tus fallas y los secretos que guardabas en el armario. Nunca ha estado disgustado, sorprendido ni impresionado por nada de lo que hayas hecho.

Cada vez que te encuentres pensando: *¡Oh, no! ¡No puedo! ¡No soy!*, responde de inmediato: *¡Sí puedo! Yo soy. Yo tengo. Yo puedo porque soy amado por Dios.*

Tú no eres tu carrera; ni eres tu colección de zapatos o de seguidores; ni tu automóvil, ni tu trabajo, ni la mesa a la que te sientas en la cafetería de la escuela. En lugar de eso, pon tu valor en ser hija o hijo de Dios, en ser amada o amado por él.

Las buenas noticias para nosotros, los farsantes inseguros y que usamos máscaras, es que podemos decidir quitárnoslas. Eso aterra, lo sé. Quizás has estado usando una tanto tiempo que no sabes cómo sería la vida sin ella, pero déjame decirte una cosa: luce a libertad.

Como dijo el escritor Ralph Waldo Emerson: «Dios no hará que su trabajo se manifieste a través de los cobardes». Se necesita valentía para ser vulnerable. Te sentirás muy mal. Querrás volver a ponerte la máscara y esconderte de nuevo detrás de ella. Pero la única forma de llegar a la victoria es pasando por la vulnerabilidad. Solo al aceptar quién eres puedes convertirte en lo que se ideó que fueras.

Si pudiera hablar con el Levi de octavo grado, no le hablaría sobre lo terribles que son sus amigos y cómo van a patearlo en la entrepierna hasta que necesite una cirugía. Lo *tranquilizaría* diciéndole que a los treinta y seis años, todo seguiría funcionando, y que él y su bella esposa tendrían cinco hijos. Lo ayudaría a que en lugar de sentirse vacío y tratar de encontrar seguridad entre los muchachos de la escuela, mirara a Jesús para descubrir que su tanque siempre estaría *lleno*. En vez de buscar valía en las fuentes equivocadas, podría impartir valor y dar gracia, incluso a aquellos violentos, porque quién sabe en qué batallas difíciles habrán estado inmersos que los hizo sentir la necesidad de ser crueles.

Y le diría que Dios puede hacer cosas grandes con personas pequeñas. Con la ayuda de Dios, un «cara de ratón» puede cambiar el mundo.

MIDE TUS PALABRAS

No te será difícil juzgar el carácter de una
persona por la forma en que se refiere a
los que no pueden hacer nada por él.

—FORBES, 1972

He sido paciente de un hospital en Inglaterra, dos veces, separado por diez años, por el mismo accidente. No es broma. Mi vida es extraña.

Incluso estuve en la misma sala de emergencias. (Por cierto, a Emergencia, los ingleses lo llaman A&E, lo cual para nosotros los estadounidenses resulta confuso, porque A&E es un canal de televisión que nadie mira, pero en Inglaterra, A&E significa «Accidentes y Emergencia»).

Se pierden muchas cosas en la traducción entre Inglaterra y Estados Unidos. Estoy seguro de que a ellos les es molesto escuchar lo que le hemos hecho al inglés de la Reina, pero me cuesta entenderlos a ellos como seguramente a ellos les cuesta entendernos a nosotros.

Imagina que estás de visita en Inglaterra y de pronto se te ocurre pedirle a tu amigo inglés algo de lo que está comiendo.

Y le dices: «Oye amigo, convídame de esos *crisps* que estás comiendo». Él te puede decir: «¿Te refieres a estas papas fritas?». Porque los ingleses cuando usan la palabra *crisps* que nosotros usamos para doritos (trozos de tortillas fritas) se refieren a las papas fritas.

Si vas a tu departamento, ellos van a su *piso*. Tu ascensor es su *elevador*. Un carrito para hacer compras en el supermercado para ellos es un *carrito para empujar*. La basura no la depositan en el cubo de los desperdicios, sino en la *papelera* y lo que para nosotros es la bolsa para la basura, para ellos es el *saco* para la basura.

Para advertir a la gente de un peligro, nosotros decimos «cuidado», los ingleses tienen una palabra que a mí me parece mejor. Ellos dicen «*fíjese*». En Londres, cuando vas a subir al metro (o al *subterráneo*, como ellos lo llaman) encontrarás un cartel o escucharás por los altavoces una voz que te advertirá sobre el espacio que queda entre la plataforma y la pisadera del tren. Y te dicen: «Cuidado con la brecha».

De igual manera, si en un edificio hay una cornisa demasiado baja en la que podrías golpearte la cabeza (muchos edificios fueron construidos hace cientos de años, y la gente aparentemente era más baja en ese entonces), verás un letrero que te dice: «Cuide su cabeza», lo que significa, simplemente: «No se vaya a golpear la cabeza».

Cuanto más lo pienso, más sentido le encuentro a esas frases. Tú no puedes «vigilar» tu cabeza, a menos que tengas un espejo (*watch* = mirar), porque tus ojos están montados en ella. Pero las advertencias te hacen estar consciente del peligro. Y si no lo haces, te pasará lo que a mí. ¡Y dos veces!

En 2011, en Yorkshire, me golpeé la cabeza contra una cornisa demasiado baja y me hice una herida en el cuero cabelludo.

Estaba en mi departamento; de pronto, sonó el teléfono. Salté para atender la llamada pero lo hice justo ante la puerta demasiado baja que estaba enfrente de mí. La sangre empezó a correr por mi rostro. Me dirigí a A&E del hospital más cercano, donde tuve que esperar varias horas hasta que me suturaron la herida. Mientras esperaba, eché de menos la televisión. No había nada de eso.

Si has leído mi primer libro, *Through the Eyes of a Lion* [A través de los ojos de un león], recordarás la siguiente historia. Trece años después, estaba de vuelta en Inglaterra, y una vez más, no me preocupé de ver (watch) mi cabeza. Esta vez, me abrí una herida en el mismo lugar del accidente anterior al golpearme contra una ventana demasiado baja. Y de vuelta al mismo hospital, donde me volvieron a suturar la herida. De nuevo.

Todo lo que quiero decir es que las palabras «cuídate la cabeza» se han vuelto muy cercanas y queridas para mí. En esta sección, mientras volteamos la segunda carta, voy a contarte sobre otro punto importante para que tengas en cuenta: las cosas que dices. Esto incluye las palabras que les dices a los demás, las palabras que te dices a ti mismo, las palabras que dices sobre tu vida y las palabras que dices cuando tienes miedo.

Las palabras son poderosas. No podrás ganar la guerra con la versión de ti mismo que no quieres ser si crees que solo los palos y las piedras te pueden hacer daño y no las palabras. Estas son algunas de las grandes ideas que exploraremos en esta carta:

- Podrás modificar la forma en que te sientes cambiando la manera en que hablas.
- No tienes que decir todo lo que quieras decir.

- Las palabras que digas acerca de los demás pueden cambiar el curso de sus vidas.
- La persona con la que más hablas eres tú mismo.

Mi estúpida bogota

Mis mejillas se sonrojan. Mi mandíbula se aprieta. Mi estómago se contrae y, de repente, me doy cuenta de lo caliente que tengo la nuca. Estoy enojado. Me siento ofendido e impotente, como si me hubiesen tratado injustamente o me hubiesen atacado sin provocación de mi parte. Tengo la sensación muy familiar de que estoy cayendo. Y, en seguida, tan rápido como el trueno sigue al rayo, se forma una descarga de palabras en mi pecho, una mezcla de ácido de batería y sopa de letras. En un instante, pienso en trescientas cosas que le diría a la persona que tengo enfrente de mí con las que lo empequeñecería.

Me he enfrentado a esa sensación en aeropuertos, restaurantes, grandes almacenes, hoteles, automóviles, aviones, tiendas de abarrotes, la oficina y en mi propio hogar. La he sentido mientras permanezco encorvado sobre mi computadora portátil o entrecerrando los ojos a mi teléfono.

Quiero escupir veneno, respirar fuego y arremeter. Me parece que la situación mejoraría si pudiera encontrar la secuencia perfecta de oraciones vitriólicas para lanzarlas contra mi objetivo. Las maldiciones no son frecuentes en mi arsenal pero no están del todo ausentes. Por lo general, las palabras que me vienen a la mente son agresivo-pasivas, cortantes y destilan sarcasmo. Casi siempre me sorprende la maldad de la que soy capaz, y no me doy cuenta cuando me encuentro convertido en un niño indignado y malcriado, listo para arrojar piedras porque he sentido que me han lastimado. En tales momentos, mi objetivo es atacar a la mayor cantidad probable de mis enemigos con la menor cantidad de palabras posible, para infligirles la máxima devastación por sílaba.

Mi tendencia a tales palizas verbales tiene su origen en esos traumáticos días de la secundaria cuando la crueldad de palabras tales como «cara de ratón» se apoderaban de mí. Los insultos deberían haberme hecho no querer ser malo con los demás pero, al contrario, los usé como excusa para desarrollar una lengua afilada. Recurro a las expresiones mordaces cada vez que me siento acorralado. En mis peores días, arremetía contra los que estuvieran más cercanos a mí. Mis padres, hermanos, esposa, hijos y compañeros de trabajo han estado en el extremo receptor de mi lengua aparentemente indomable.

Sufro los dos o tres segundos de silencio después de haber soltado un comentario que debería haber evitado. Veo las palabras desplazándose en el aire como un misil, y me doy cuenta demasiado tarde del daño que pueden causar; sin embargo, cuando pienso en que si pudiera las recogería, las considero apropiadas y entonces un amargo remordimiento se agita dentro de mí al ver la tristeza y la decepción de alguien que confía en mí.

Mi esposa una vez me preguntó por qué no me gusta jugar con las letras a formar palabras y le dije que es porque siento que eso no es un juego sino un trabajo. Las palabras y yo somos buenos amigos, quizás demasiado buenos amigos.

Las palabras son mi vida. Con ellas hago lo que hago. He pasado miles y miles de horas trabajando con una redacción muy precisa y arreglando esquemas, mensajes, capítulos, párrafos y oraciones. Pienso en juegos de palabras, rimas finales, rimas iniciales, sílabas, aliteraciones. Cuando era niño, me obsesionaba en cuanto a si las oraciones que dije o escuché tenían un número par o impar de sílabas. Más de una vez mi madre (y, si voy a ser sincero, a veces Jennie aún lo hace) me encontró pronunciando en silencio algo que acababa de escribir y que quería dar con su mejor calidad rítmica.

Para cada sermón que escribo, puede haber tres o cuatro versiones diferentes que no voy a predicar. Cuando termine este capítulo, voy a finalizar un mensaje que me ha estado *matando* porque no pude encontrar el título correcto. El sermón trata sobre hacer algo antes de morir que esté más allá de tu «lista de deseos», como nadar con tiburones o acampar en el Gran Cañón del Colorado. Anoche en la cena, después de varias horas de agonizar tratando de articular esa idea en la menor cantidad de palabras posible, se me encendió el bombillo cuando mi hija Clover dijo la palabra *cubo* en un contexto completamente diferente. Grité: «¡ROMPE TU LISTA DE DESEOS!». Fue como si acabara de descubrir la gravedad, porque ese título transmite completamente lo que quiero comunicar en mi sermón.

Aquí está el problema: una fuerza desprotegida es doblemente débil. Si le das la vuelta a cualquier virtud y la miras desde otra perspectiva, es muy posible que en lugar de virtud, encuentres un vicio.

Lo que sea que se te ocurra en forma espontánea podría convertírsete fácilmente en un problema. Si no me crees, pregúntale a Salomón, la persona más sabia que ha pisado la tierra pero que hizo algunas de las decisiones más tontas que nadie haya hecho jamás.

Para mí, no hay otra forma en que sea más fácil meterse en problemas y que ha causado más dolor posterior, que hablar. Con tanta frecuencia he abierto la boca para en seguida sentir un remordimiento que se convierte en una gran fuente de tristeza. Evalúo, por ejemplo, una reunión no por la cantidad de buenas ideas que se presentaron ni por haberse cubierto toda la agenda programada, sino por algo que dije y que quisiera no haber dicho.

Seguramente reconoces ese sentimiento cuando te retiras de una conversación recordando solo un minuto después la ofensa perfecta. Los franceses tienen un término para eso: *esprit d'escalier*, o el ingenioso regreso en el que piensas después de haberte retirado de una conversación. Hay una ciencia detrás de la razón por la que tal cosa ocurre: cuando estás en una discusión, la porción límbica de tu cerebro pasa al modo de lucha o huida, asignándole todos los recursos disponibles para mantenerte con vida; desafortunadamente, tanto tu inteligencia como tus habilidades sufren. Una vez que pasa el momento, la sangre, que se había desviado a los músculos y a la visión con un golpe de adrenalina, regresa a la parte racional del cerebro, por lo que puedes pensar, lo que no pudiste hacer en ese momento crucial. Ojalá yo hubiese tenido esa sensación más a menudo. La sensación que tengo con más frecuencia es *¿por qué no me di un tapaboca para no decir lo que pensaba?* Trágicamente, las palabras son como la pasta de dientes; una vez que está fuera del tubo, no hay manera de volver a ponerla adentro.

&L PODER DE LA LENGUA

El libro de Proverbios dice que en la lengua hay poder de vida y de muerte (18.21). Con todo lo pequeña que es, la lengua es como un reactor nuclear capaz de producir energía para iluminar una ciudad pero también una bomba que puede destruirla.

Orville Wright, el inventor con su hermano Wilbur del primer aeroplano que pudo volar con éxito, estaba desconsolado por el uso de aviones en la Segunda Guerra Mundial porque

permitían a la humanidad la opción de lanzar bombas desde el cielo. Lo abrumaba saber que había creado algo que haría tanto daño pero, sin haberse arrepentido de su invención, lo tranquilizó saber que todas las cosas que pueden hacer mucho bien también pueden causar un gran mal.

El ladrillo se puede usar para construir un hospital o para arrojarlo como proyectil a través de la ventana. El agua puede saciar la sed o inundar una ciudad. Del mismo modo, las palabras son neutras en sí mismas; es cómo se usan lo que determina su calidad de buenas o malas.

Ese es el argumento que Santiago usa en una de las más poderosas declaraciones sobre el hablar que se haya puesto en palabras:

Cuando ponemos freno en la boca de los caballos para que nos obedezcan, podemos controlar todo el animal. Fíjense también en los barcos. A pesar de ser tan grandes y de ser impulsados por fuertes vientos, se gobiernan por un pequeño timón a voluntad del piloto. Así también la lengua es un miembro muy pequeño del cuerpo, pero hace alarde de grandes hazañas. ¡Imagínense qué gran bosque se incendia con tan pequeña chispa! También la lengua es un fuego, un mundo de maldad. Siendo uno de nuestros órganos, contamina todo el cuerpo y, encendida por el infierno, prende a su vez fuego a todo el curso de la vida. El ser humano sabe domar y, en efecto, ha domado toda clase de fieras, de aves, de reptiles y de bestias marinas; pero nadie puede domar la lengua. Es un mal irrefrenable, lleno de veneno mortal. Con la lengua bendecimos a nuestro Señor y Padre, y con ella maldecimos a las personas, creadas a imagen de Dios. De una misma boca salen bendición y maldición. Hermanos míos, esto no debe ser así (Santiago 3.3-10).

Santiago explicó que una pequeña chispa —un cigarrillo tirado por la ventanilla de un automóvil o una fogata mal apagada— puede conducir a un infierno que quema todo un bosque. De la misma manera, una sola frase puede alterar tu vida: «Te amo». «¿Te casarías conmigo?». «Es un niño». «Quiero el divorcio». «Te perdono». «Lo siento».

Una frase puede ser devastadora: «Estás despedido». «Es cáncer». «No hay nada más que podamos hacer».

Sin embargo, una frase también te puede hacer feliz: «¡Quedas promovido!». «¡Tienes la entrada que esperabas para el concierto!». «¡Tu tía perdida te dejó una cuantiosa herencia!».

Las palabras pueden costarte el trabajo; Don Imus tuvo una exitosa carrera en la radio, pero la echó a perder con un insulto racial. Las palabras te pueden costar la vida; dile algo a la persona equivocada en el momento equivocado y conseguirás que te mate.

Cuando leo lo que Santiago escribió sobre el veneno mortal de la lengua, no puedo evitar pensar en el dragón de Komodo, el lagarto viviente más grande que existe. Los dragones de Komodo son muy robustos y se mantienen pegados al suelo. Aunque no son rápidos, pueden matar cerdos e incluso vacas con su veneno. Las palabras descuidadas también pueden causar daño, a veces incluso matar.

Además del veneno y el fuego, que encierran peligros obvios, Santiago usó las analogías de montar a caballo y pasear en bote, dos actividades divertidas que pueden salir mal de un momento a otro.

Quizás recuerdes que el actor Christopher Reeve, que interpretó a Superman en la película original (mucho antes de que el Hombre de Acero se peleara con Batman y se uniera a la Liga de la Justicia), se rompió el cuello saltando una valla en su caballo y quedó cuadraplégico; por lo que necesitó una silla de ruedas por el resto de su vida. Los accidentes de navegación también pueden causar un gran daño. Recuerdo un horrible accidente que sucedió en Montana, donde vivo. Un bote de esquí se detuvo para levantar a un esquiador acuático que había perdido la vertical. Mientras el bote permanecía detenido con el motor en marcha, un pasajero saltó al agua sin que el timonel se diera cuenta. Cuando vio que el esquiador estaba muy atrás de él, el timonel puso el bote en reversa atropellando al hombre que estaba en el agua. Los paramédicos que acudieron en su ayuda pudieron salvarle la vida pero aun así perdió un pie en el accidente.

Así como la herencia controla qué tipo de lengua tenemos —cuán afilada o larga es— es también la razón por la cual nuestras lenguas son tan destructivas. En Romanos 5.12 leemos que es nuestra naturaleza pecaminosa lo que hace que nuestras palabras sean tan peligrosas: «Por medio de un solo hombre el pecado entró en el mundo, y por medio del pecado entró la muerte; fue así como la muerte pasó a toda la humanidad, porque todos pecaron». Afortunadamente, todo lo que se puede usar para el mal puede ser recuperado y usado para bien.

La lengua puede ser encendida por el infierno, pero también lo puede ser por el cielo. Bajo el control del Espíritu Santo, Pedro, que con su lengua había dicho maldiciones y negado conocer a Jesús, predicó en el día de Pentecostés y dos mil personas experimentaron la salvación. Proverbios 25.11 nos dice: «Como naranjas de oro con incrustaciones de plata son las palabras dichas a tiempo». Si tus palabras están llenas de gracia, tendrán el mismo impacto que la sal, o que el aliño tiene sobre la comida: harán que tengan buen gusto (Colosenses 4.6), y entonces, tus palabras podrán bendecir a la gente, podrán compartir el evangelio y orar por los enfermos. Tus palabras podrán alentar, consolar,

CUANDO LA **LENGUA** ESTÁ **FUNCIONANDO CORRECTAMENTE,** ES UN MANANTIAL QUE **REFRESCA** Y UN ÁRBOL QUE **PRODUCE FRUTOS GRATOS AL PALADAR** Y QUE, ADEMÁS, **NUTREN.**

tranquilizar y hacer reír. Proverbios 27.17 dice: «El hierro se afila con el hierro, y el hombre en el trato con el hombre». A veces es necesario hablar con franqueza para ayudar a otros a convertirse en lo que se proyectó para ellos al nacer. En cierto sentido, el amor te pedirá que confrontes a algún amigo cara a cara. ¡Y eso es algo bueno!

Cuando la lengua está funcionando correctamente, es un manantial que refresca y un árbol que produce frutos gratos al paladar y que, además, nutren. Un caballo sin control es peligroso, y un accidente en un bote puede terminar en un desastre; pero cuando el bocado está en su lugar, y el timón se maneja correctamente, es posible disfrutar una excursión o un paisaje que es a la vez hermoso y placentero.

Pablo instruyó a los efesios a elegir cuidadosamente sus palabras: «Eviten toda conversación obscena. Por el contrario, que sus palabras contribuyan a la necesaria edificación y sean de bendición para quienes escuchan» (Efesios 4.29). El pastor de jóvenes de mi escuela secundaria me hizo memorizar este versículo cuando dije con qué frecuencia me metía en problemas por las cosas que decía. Me aconsejó que antes de hablar, pasara lo que quería decir a través del filtro de Efesios 4.29.

Otra versión de la Biblia traduce este versículo de la siguiente manera: «Cuida la manera en que hablas. No dejes que nada asqueroso o sucio salga de tu boca. Di solo lo que ayude, haz de cada palabra un regalo». ¿Qué pasaría si las palabras que usas no fueran ni asquerosas ni sucias, sino más bien regalos para las personas con las que hables?

Todavía libro una lucha diaria para mantener mi lengua bajo control. Si bajo la guardia, es muy fácil que sufra una recaída. Si bien solo dos veces me golpeé la cabeza en Inglaterra, he hecho correr sangre figurativamente hablando más de dos veces por no haberme preocupado por controlar mis palabras. Pero como el lobo se ha despertado en mi corazón para librar esta batalla, he visto enormes beneficios. A lo largo de los próximos tres capítulos, voy a desafiarte a entrar en batalla con las palabras que dices. Si Jesús es el Señor de tu vida, también debe ser el Señor de tus labios.

FAMOSAS ÚLTIMAS PALABRAS

¿Alguna vez has pensado en cuáles podrían ser tus últimas palabras?

Las últimas palabras del patriota estadounidense Nathan Hale fueron: «Solo lamento tener una sola vida para perder por mi país», frase atribuida originalmente a Marcus Porcius Cato Uticensis, un estadista romano de los tiempos del emperador Julio César, en Roma. Luego está William «Buckey» O'Neil, uno de los miembros de los *Rough Riders* de Teodoro Roosevelt durante la Guerra Hispanoamericana (1898). Buckey estaba fumándose un cigarrillo y bromeando con sus tropas mientras estaba bajo fuego cuando un sargento le advirtió del peligro en que se encontraba. Sus últimas palabras fueron: «¡Sargento, la bala española no está hecha para matarme!». Adivina cómo murió. Por una bala española. Luego está el gran evangelista Dwight Lee Moody, quien dijo en su lecho de muerte: «Veo que la tierra retrocede y el cielo se está abriendo. Dios me está llamando». Según la hermana de Steve Jobs, Mona, las últimas palabras del fundador de Apple fueron: «Oh, guau. Oh, guau. Oh, guau».

No hay palabras más poderosas que las que encontramos en las páginas de la Biblia. Josué les dijo a los hijos de Israel:

«Por mi parte, yo estoy a punto de ir por el camino que todo mortal transita. Ustedes bien saben que ninguna de las buenas promesas del SEÑOR su Dios ha dejado de cumplirse al pie de la letra. Todas se han hecho realidad, pues él no ha faltado a ninguna de ellas» (Josué 23.14). ¡Con qué autoridad habló Josué! Se valió de sus experiencias para fortalecer la fe de las personas que amaba y que había liderado.

Las últimas palabras más asombrosas en las Escrituras provienen de un hombre que las usó para entregar su vida a Jesús. Con su último aliento, el ladrón en la cruz se volvió hacia Jesús y le dijo: «Jesús, acuérdate de mí cuando vengas en tu reino» (Lucas 23.42). Y aunque había vivido una vida de crimen y pecado, el hombre alcanzó la salvación. Jesús le dijo: «Te aseguro que hoy estarás conmigo en el paraíso» (v. 43). ¿No te dice eso algo sobre el amor de Dios? Nadie está tan lejos de Dios que este no lo pueda alcanzar.

Hablando de Jesús, sus últimas palabras no tienen precedentes en cuanto a su significado. Primero dijo: *Tetelestai*, que significa «Consumado es» o, pagado en su totalidad (Juan 19.30). Él había sufrido por todos los pecados del mundo, que habían sido echados sobre él. Y luego, habiendo terminado la misión que Dios le había encomendado, dijo: «Padre, en tus manos encomiendo mi espíritu» (Lucas 23.46), que se encuentran en Salmos 31.5. En los días de Jesús, ese salmo era una oración común para irse a dormir. Es posible que María se lo haya recitado a Jesús todas las noches antes de que se fuera a la cama. O que incluso se lo haya susurrado mientras dormía en el pesebre la noche en que nació. O que le haya recitado esas palabras miles de veces a medida que Jesús crecía.

¡Nunca pudo haber sabido que le estaba enseñando a morir!

Pero Jesús no solo pronunció esas palabras como un recuerdo nostálgico de su época de niño. Con ellas, nos estaba dejando una senda marcada para cuando nos llegue a nosotros el momento de partir. Esteban, el primer seguidor de Jesús en ser muerto por su fe después de la resurrección del Señor, dio fe de esas palabras de Jesús: «Mientras lo apedreaban, Esteban oraba. —Señor Jesús —decía—, recibe mi espíritu. Luego cayó de rodillas y gritó: —¡Señor, no les tomes en cuenta este pecado! Cuando hubo dicho esto, murió» (Hechos 7.59, 60).

Este es el poder de esa oración: no tienes que temer a la muerte si sabes a dónde vas. Si le has dado tu vida a Jesús, entonces la muerte no te está *sacando* de casa sino *llevando* a casa. Esa es la letra pequeña: solo *tú* puedes encomendar tu espíritu a Dios.

Para producir el habla, se necesita la participación de setenta y dos músculos. De tu boca salen, como promedio, dieciséis mil palabras cada día. Eso da unos 860.3 millones de palabras durante toda una vida. De todos los sustantivos, verbos, adjetivos y artículos que podrían salir de tu boca, los más importantes son las palabras que eliges para confiar tu alma a las manos de Dios. Te recomiendo que no esperes hasta tu lecho de muerte para decirlas. ¿Por qué no ahora? No estás demasiado complicado ni eres un caso perdido. Dios prometió que «*todo* el que invoque el nombre del Señor será salvo» (Romanos 10.13, énfasis añadido). Antes de pasar la página para entrar al próximo capítulo, podrías cambiar algo nuevo en tu alma, comenzando una nueva temporada como hijo de Dios. Solo cuando estés listo para enfrentar la muerte, estarás realmente preparado para enfrentar la vida. Sí, es importante tener esto en cuenta, pero más importante es que te ocupes de tu alma.

SI TÚ LO DICES

*Lo que más le interesa a Dios es
bendecir, no maldecir.*

—Eugene Peterson

Los Luzko somos fanáticos de Disneylandia. Nos encanta visitarlo. Realmente allí hay magia y encanto, lo que está al nivel de los precios. Tú traspones las puertas y ya estás en la tierra del mañana, la fantasía, la aventura. Me encanta la atención que Disney presta a los detalles más pequeños. Se esfuerzan para hacer que incluso las filas en las que esperas sean parte del pequeño mundo que estás explorando. (Además, me tranquiliza saber que Mickey solía llamarse Mortimer y que originalmente era una rata. Eso te dice que los pequeños retoques, no los grandes cambios, te llevarán a grandes avances. La pequeña diferencia entre Mickey y Mortimer parece leve pero tiene implicaciones de miles de millones de dólares).

La intención de Walt Disney era que los visitantes experimentaran algo especial, que la imaginación y la historia se arremolinaran a su alrededor mientras exploraban los parques, recorrían las atracciones y pasaban el día en su reino de magia.

Es difícil no sentir que tu corazón late más rápido cuando, un poco más allá de las boleterías, en una pequeña colina, te encuentras con un Mickey Mouse gigante hecho con flores. Te olvidas de tus preocupaciones mientras te sientes atraído por algo tan creativo y cautivador.

En mis días de niño, solo una vez estuve en Disneylandia. Y casi podría decir que esa experiencia fue lo más grande en todo mi proceso de educación. Cuando mi esposa y yo nos mudamos a California, compramos pases de temporada y fuimos periódicamente, aunque solo fuera por una hora para caminar, ver a la gente o servirnos un helado. Llevar a mis hijos ha sido exponencialmente mucho mejor de lo que hubiera podido imaginar.

Lo que me encanta de Disneylandia es el olor que domina el ambiente. Ellos hacen todo lo posible para controlar tu experiencia. Y saben que la memoria y las emociones están indisolublemente conectadas con el aroma. Esto se debe a que el nervio olfatorio, que lleva al cerebro información sobre los olores, pasa directamente por la amígdala, la parte del cerebro que almacena la memoria y la información emocional.

Cuando te montas en el simulador de vuelo *Soarin' Around the World* (volando sobre el mundo) en Disneylandia, de California, puedes sentir el aroma del océano como si fueras volando sobre el mar. Si te montas en el *Flight of Passage*, otro de los simuladores de vuelo, te parecerá que mientras vas agarrado de la cola de un alma en pena, podrás percibir el olor a tierra arrasada por una estampida de búfalos en las praderas del viejo Oeste. Cuando el tren *Chew de Heimlich* te lleva a través de una sandía, te inunda el olor de esa fruta. La forma en que las atracciones y los vendedores de comida arrojan aromas en el aire hace que la experiencia tome una dimensión diferente. Puedes oler tu camino a través del parque, desde la entrada hasta la salida.

La combinación de ciertos sonidos y olores en la Disneylandia del Condado de Orange en California tiene sobre mí el mismo efecto que comer *ratatouille* (pisto) tenía sobre los que lo disfrutaban en la película *Ratatouille* de Pixar: me transporta al pasado en el tiempo. Me encuentro hojeando las páginas del libro de mi vida. Soy un niño pequeño, un esposo recién casado. Estoy caminando mano a mano con una niña que ahora está en el cielo. Llevo a cada una de mis hijas sobre mis hombros en su primer viaje de padre e hija al parque, el castillo a la vista. Esos recuerdos inundan mi cerebro mientras llevo a mi hijo, Lennox, en un cochecito en su primer viaje al parque.

Es difícil no dejarse atrapar y no dejarse llevar cuando se siente tanto en el aire. Nada de eso es por casualidad. Cada centímetro de la magia que se experimenta en Disneylandia es cuidadosa, intencional y minuciosamente diseñada por ingenieros de la imaginación. El ambiente está cargado de emoción porque los creativos lo construyeron de esa manera. Visualizaron un concepto en sus mentes, lo materializaron en papel; luego los materiales fueron impresos, fabricados, cortados y sembrados, y el producto terminado se ha mantenido con amor y diligencia.

Este es el mismo tipo de pasión y dedicación que se necesita para librar con éxito la batalla que llevamos a cabo por el control de nuestras vidas. Dios quiere que nos rodeemos de una atmósfera de fe, pero esa atmósfera tenemos que crearla nosotros. Y más que cualquiera otra cosa, eso requiere de palabras.

LOS NOMBRES CORRECTOS

Retrocedamos. En el capítulo anterior, hablé de elegir cuidadosamente tus palabras y te advertí sobre el peligro de destruir a otros con lo que dices. En este capítulo, me gustaría darte las herramientas prácticas que necesitarás usar para que tus palabras sean lo mejor.

El primer trabajo que Dios le dio al humano fue que asignara una palabra a algo que él hizo: «Entonces Dios el SEÑOR formó de la tierra toda ave del cielo y todo animal del campo, y se los llevó al hombre para ver qué nombre les pondría. El hombre les puso nombre a todos los seres vivos, y con ese nombre se les conoce» (Génesis 2.19).

¿Lo captaste? El nombre que el hombre le dio a cada animal es el mismo que ha conservado hasta ahora. El trabajo de Adán fue hablar y lo que dijo quedó establecido en firme. Nosotros tenemos el mismo trabajo. Dios nos dio un día y nuestro trabajo fue darle un nombre: declarar algo sobre él. Como sea que lo llamemos, así se quedará.

Piensa en estas implicaciones:

Cuando te despiertas, lo haces por lo general desorientado: *Mi cola de caballo todavía está ahí, aunque debí de habérmela quitado antes de ir a la cama. Mi brazo está adormecido. ¿Cómo fue que se quedó debajo de mi cuerpo? ¿Qué día es hoy? Martes. Debería levantarme. Pero mi cama está tan acogedora. Si no me levanto ahora, dormiré otra hora y andaré apurado todo el día.*

Te levantas para ir al baño, chocas con la cesta de ropa para la lavandería, caminas hacia el baño con los ojos a medio abrir, enciendes la luz, abres el grifo y te echas agua fría en la cara. Se escurre por entre tus dedos y se desliza por tus mejillas como mil ríos diminutos que terminan despertándote. En seguida viene el momento de la verdad, cuando te quitas las manos de sobre tu rostro y te miras en el espejo.

¿Qué ves mientras te miras? ¿Qué se te ocurre decirle a la persona que ves en el espejo?

¿Soy apuesto o luzco horrible?

¿Valgo algo o no soy digno de que me amen?

Estoy listo para conquistar el mundo o estoy terriblemente atrasado.

Lo que sea que digas sobre lo que ves, así será.

Quizás, como yo, hayas sido tan bueno escuchándote que te has olvidado de hablarte. Es fácil dejarse llevar por los comentarios negativos que te dice tu alma de ti mismo. Por todo eso, es hora de que dejes de ser tu propio crítico y te vuelvas a convertir en tu propio líder. Cuando lo hagas, verás cómo cambia tu forma de hablar.

Esto es la guerra.

Me desperté esta mañana con una canción de adoración que Alexa puso en mi equipo de sonido. Comí avena y tomé mi café mientras leía mi Biblia y oraba. Todavía no me he conectado con Instagram ni he comprado nada en Amazon. (Si complazco a mi cerebro con dopamina antes de conseguir algo determinado, estaré buscándolo todo el día. Me acuerdo del correo electrónico o las redes sociales solo cuando he hecho algo digno de esa recompensa). Ahora estoy escuchando música cuidadosamente seleccionada, y estoy dejando que se consuma una vela que uso solo cuando escribo. Llevo un par de anteojos de esos que se compran en cualquier tienda sin receta y, déjame decirte que cuando me los pongo, me transformo en un escritor que no es ni cobarde ni indeciso.

Cuando me desperté esta mañana y pensé en lo que tengo que escribir, el miedo habitual comenzó a formarse en algún punto de mi cerebro. *No vas a poder seguir escribiendo. Tu mente andará por otros lados. Lo intentaste el lunes y no pudiste escribir ni siquiera una palabra. Ni una sola.*

Así que hice callar esa voz diciéndole: *Este libro va a cambiar vidas. Escribirlo nos ayudará a mí y a mis lectores. No quiero perder ni un minuto una voz hechas mis devociones. ¡Dios me ha hablado y va a hablar a través de mí!*

Obligué a estas palabras a salir de mi boca (en voz muy baja porque eran las 6:13 a.m. y mis hijos aún dormían), pero necesitaba escucharme hablar positivamente sobre el día que tenía por delante:

Mi trabajo diario comienza dentro de unas horas. Antes de eso necesito no solo escribir aunque sea un poco, sino hacer ejercicio físico para sentirme saludable y con energía. Tengo que hablar en Seattle esta noche, y mañana es el cumpleaños de Jennie, así que no dispongo ni siquiera de cinco minutos para sentirme con miedo, ansioso o tenerme lástima. Nadie debe darse tiempo para eso.

Y entonces me puse a trabajar. Tú puedes hacerlo también.

Las cosas específicas que yo hice no podrían ayudarte a ganar tu guerra. Tal vez no te gusta la avena y el olor de las velas te da dolor de cabeza. No hay problema. Descubre lo que funciona para ti. No necesitas usar mis «anteojos de escritor» para convertirte en la versión de ti mismo que siempre quisiste ser; tal vez haya un anillo especial que te pongas y que te ayude a convertirte en una madre amable, o una taza especial para tomar tu té que solo las personas valientes, vulnerables y conscientes pueden tocar. Ganar la guerra interna no tiene una medida única para todos; es un trabajo personalizado de una obra maestra hecha a la medida, única en su tipo, porque eso es lo que eres tú y lo que es tu vida. Necesitas descubrir qué es lo que tú necesitas para que puedas llegar a ser el mejor.

Cómo hablas determina cómo te sientes. Deja de escuchar tu miedo y pon un poco de fe en tu entorno. De la misma manera que los ingenieros creativos de Disney han diseñado la atmósfera para cada ambiente del parque utiliza tus palabras para rodearte de fe y fortaleza.

QUE TE SEA HECHO

No se puede exagerar la importancia que las Escrituras dan a las palabras. En la creación, Dios habló para que el mundo existiera (Génesis 1). En la encarnación, Dios se reveló al mundo, y la Palabra se hizo carne en la persona de Jesús, la Palabra viva. (Juan 1.14). Eso debería decirte algo sobre el peso de las palabras. Tanto en el comienzo como en el momento más crítico y decisivo de la historia, la solución de Dios fue hablar.

Deberías humillarte al saber que Dios te ha dado el mismo poder de expresión. Eso es parte del terrible privilegio de haber sido hecho a su imagen. Tus palabras pueden crear, derribar, construir, sanar o herir.

Cuando Dios te oye hablar de aquella reunión como algo terrible, de tu auto que es una porquería, de tus hijos que son unos ingratos, de tu esposo que es un flojo, de tu ciudad que es apenas un pueblito grande, de tu casa que es demasiado chica, su respuesta es: *Si tú lo dices*. Debido al poder que puso en tu lengua cuando te hizo, hará que las etiquetas que dices permanezcan. En consecuencia, tendrás una experiencia terrible en tu reunión, en el paseo desagradable en tu automóvil que es una porquería. Y encontrarás en tu esposo y en tus hijos mil ejemplos de pereza e ingratitud. Tu casa se te hará más pequeña así como la ciudad te producirá claustrofobia. Te vas a sentir tal cual hablas y encontrarás lo que buscas.

Por otro lado, puedes hablar de la reunión como una que fue difícil pero importante, llena de oportunidades para resolver problemas. Puedes decidirte a expresar tu agradecimiento por tener un automóvil, y cuán recompensada te sientes porque tu esposo trabaje duro para mantener a su familia, y cómo tus hijos van a aprender a expresar gratitud con tu ejemplo. Eso te va a evitar que sientas cuán pequeña es tu casa y que, aunque tu ciudad no sea como Nueva York, la encontrarás encantadora a su manera. Te impulsará a orar por ese vecino en el que has estado pensando y hacerle llegar, cuando puedas, algunas palabras de aliento. La respuesta de Dios a esta nueva forma de hablar es la misma: *Si tú lo dices*.

Tus palabras pueden destrabar la vida de alguien a quien amas o a quien detestas. Depende de ti si las profecías autocumplidas que articulas se vuelven una delicia o una mazmorra. Afortunadamente, como escribió C. S. Lewis, «Las puertas del infierno están cerradas *por dentro*». Si hablaste a tu manera en el desorden en que has venido viviendo, no hay duda de que encontrarás la manera de salir de eso.

Una de mis historias bíblicas favoritas ilustra la capacidad que tienen las palabras para establecer el tono de tu fe y tu futuro. Un centurión, un oficial del ejército romano encargado de cien hombres, acudió a Jesús en busca de ayuda porque su criado estaba gravemente enfermo. Los centuriones eran soldados de carrera, hombres endurecidos para la guerra, fácilmente identificables por las plumas rojas que llevaban en sus cascos. Era difícil convertirse en centurión, pero una vez que lo conseguías, el grado era tuyo. Ese centurión tenía dinero, poder, respeto; en otras palabras, estaba viviendo el sueño de su vida.

Por otro lado, los esclavos en el Imperio romano no tenían derechos; aunque se les consideraba seres humanos eran más bien «herramientas vivientes». Los esclavos superaban en número a los setenta millones de ciudadanos del imperio, por lo que para los amos mantener el control era imperativo, pues sabían que no podrían hacer mucho para detener un motín si las hormigas alguna vez se daban cuenta de que no tenían por qué darles toda su comida a los saltamontes. (Disculpa; no, lo lamento. Te dije que me encanta Disney). Cuando un esclavo se enfermaba y no podía trabajar, los amos no tenían la obligación de buscarle atención médica, porque podían fácilmente comprar otro para que tomara su lugar.

No es difícil ver que en este soldado había algo diferente. No dio muestras de crueldad, solo ternura, mientras buscaba ayuda para su siervo. Las palabras que usó sugieren que para él, el joven era como un hijo: «Señor, mi siervo está postrado en casa con parálisis, y sufre terriblemente» (Mateo 8.6). Al dirigirse a Jesús, usó la palabra *Señor*; en griego, la palabra es *kurios*, que significa «rey». Esto fue nada menos que una profesión de fe en Jesús como su soberano.

En respuesta a las súplicas del centurión, Jesús inmediatamente accedió a ir a la casa del hombre para tratar a su siervo. Pero el centurión le dijo que no veía la necesidad de que Jesús fuera a su casa. Primero, por el inconveniente que significaba para Jesús tener que hacer el viaje hasta allá y en segundo lugar, al entrar a la casa de un gentil, habría quedado ceremonialmente impuro y habría tenido que pasar por un ritual de limpieza antes de que su vida diaria pudiera continuar. (Traducción: los gentiles le habrían pegado sus piojos). El centurión no quería que Jesús se expusiera por hacerle un favor.

Al contrario, mostró confianza en que las palabras de Jesús serían suficientes: «Di una sola palabra y mi siervo quedará sano» (v. 8). Su lógica era correcta. Si Jesús era la Palabra, todo lo que tenía que hacer era decir la palabra, y el siervo sanaría. La creación no tiene más remedio que responder al Creador.

La fe del centurión sorprendió a Jesús: «Al oír esto, Jesús se asombró» (v. 10). ¡Eso es digno de mención, porque Jesús no se impresionaba fácilmente! Y continuó diciendo: «No he encontrado en Israel a nadie que tenga tanta fe». Aunque el centurión no pertenecía al pueblo de Dios, demostró con su comportamiento tener un corazón de fe expresado a través de sus labios al confesar que creía en lo que Dios podía hacer, que era lo que Dios buscó desde el principio.

Jesús nunca había realizado un milagro en la forma en que el centurión estaba sugiriendo. Hasta ese momento, siempre había estado físicamente presente cuando se trataba de sanar: tocaba a los enfermos, oraba por ellos, ponía barro en sus ojos. Lo que el centurión estaba sugiriendo era que llevara a cabo un milagro a distancia, lo que sugería un nivel completamente diferente de fe en Jesús.

La respuesta del Señor al centurión incluyó tres palabras extraordinarias que fueron muy prometedoras mucho antes de que Paul McCartney y John Lennon las hicieran una canción: «Como creíste, *te sea hecho*» (v. 13 énfasis añadido). [Nota del editor: La versión bíblica en inglés incluye las palabras: «*Let it be*», las cuales son usadas por el autor para respaldar el argumento de la trascendencia de la frase. Sin embargo, en la versión bíblica castellana, la expresión es: «Que te sea hecho»].

De esta frase es, precisamente, de donde obtenemos la palabra *amén*. Usualmente la usamos al final de nuestras oraciones, como para decir: «Ojalá que lo que he orado se cumpla». Pero a la luz de la historia de Jesús y el centurión, nuestro objetivo debe ser orar con tal audacia que Dios les diga *amén*.

La fe es la contraseña que pone en marcha el poder de Dios. Jesús dijo: «Si tuvieran fe tan pequeña como un grano de mostaza, podrían decirle a esta montaña: "Trasládate de aquí para allá", y se trasladaría. Para ustedes nada sería imposible» (Mateo 17.20). El centurión romano tuvo la fe suficiente como para pedir un milagro a distancia y, como resultado, Jesús aceptó su pedido y movió la montaña. El centurión recibió un milagro porque con su fe hizo que Jesús se maravillara. Tu objetivo debe ser usar tus palabras de tal manera que bendigan el corazón de Dios, inspiren la fe en quienes te rodean y mejoren la vida de aquellos que están sufriendo.

Me gusta el libro *Huevos verdes con jamón*

Tal vez te estés esforzando para no ser un amargado porque la vida te ha tratado con dureza en tanto que a otros todo les ha sido más fácil. Y sientes que tendrías más cosas optimistas que decir si te ocurrieran hechos más positivos. Pero no necesitas tener mucho para hacer mucho.

El doctor Seuss lo sabía. Cuando escribía, trataba de usar tan pocas palabras diferentes como podía. Se impuso sus propias limitaciones, lo que lo liberó para escribir mejores libros porque tenía menos opciones. Escribió *The Cat in the Hat* [El gato ensombrerado] con 236 palabras, por lo que su editor lo desafió a que no podría escribir un libro con solo cincuenta palabras diferentes. Ganó la apuesta cuando escribió *Huevos verdes con jamón*, uno de los libros más vendidos de todos los tiempos.

Esta ilustración es aún más interesante porque *Huevos verdes con jamón* trata acerca de un tipo que es antitodo. No le gusta nada, y todo es agrio por su mala actitud. Solo cuando prueba lo que cree que odia cambia su forma de pensar. Cuando esa cosa hizo clic en su mente, todo su mundo cambió de negativo a positivo.

Es posible que tú tengas un enorme potencial sin explotar, pero al mismo tiempo un espíritu rebelde que se manifiesta en palabras negativas y mezquinas, sarcásticas y duras. ¿Podría ser que palabras de humildad y sumisión fluyendo de un corazón que acepta la soberanía de Dios y su bondad al hacer clic en su lugar correcto te conduzca a un mundo completamente nuevo de Dios usándote para hacer grandes cosas, sin importar a donde vayas o lo que hagas, sea que estés en un bote, con un chivo, usando calcetines o con un zorro?

Sería un disparate pensar cuánta diferencia puede hacer tu actitud. ¿Sabías que los aficionados tienen la capacidad de cambiar el resultado de un partido? Pueden sentarse a mirar el juego sin mover un músculo o abrir la boca y alentar a su equipo favorito. Un investigador de la Universidad de Harvard descubrió que el ruido que produce una multitud tiene un impacto fácilmente verificable en el juego; por cada diez mil aficionados gritando, un equipo consigue una ventaja adicional de 0.1 goles. Una persona sola animando no hace mucha diferencia pero un estadio lleno, sí. Hay una gran diferencia entre un caso y otro. La expectativa y la emoción lo cambian todo.

Este tipo de pensamiento podría cambiar la forma en que ves a la iglesia. El teólogo William Barclay dijo: «No puede haber predicación en la atmósfera equivocada. Nuestras iglesias serían lugares diferentes si las congregaciones solo recordaran que ellas predican mucho más de la mitad del sermón. En una atmósfera de expectación, el más pequeño esfuerzo puede encender el fuego. En una atmósfera de frialdad crítica o indiferencia insípida, la expresión más llena de espíritu puede venirse al suelo».

Cuando tus palabras están llenas de fe, se pueden lograr cosas imposibles. Las montañas se pueden mover. Esto no significa que no pueda haber momentos en que pese a pronunciar palabras de fe no veas que algo ocurre. En tales momentos, lo más importante es que recuerdes que algunos de los más grandes milagros de Dios no se pueden ver a simple vista. Él sabe lo que tú necesitas saber: a veces la montaña que necesita moverse está dentro de ti.

§ER GROSERO TIENE UN COSTO

Por cada acción hay una reacción
opuesta de igual magnitud.

—TERCERA LEY DEL MOVIMIENTO DE NEWTON

Hola. Mi nombre es Levi Lusko, y soy malísimo en eso de controlarme.

¿Y tú? ¿Has hecho alguna vez cosas, dicho cosas o tuiteado cosas solo para darte cuenta de que lo que obtuviste no era lo que esperabas?

Yo no quiero pelear con mi esposa. Quiero reírme con ella. Quiero que sea feliz. Quiero que tengamos aventuras, chistes y combates haciéndonos cosquillas y envejecer juntos como si fuéramos una versión real de la pareja de la película *Diario de una pasión*.

Entonces, ¿por qué actúo como un idiota, o digo cosas que hieren sus sentimientos, o pierdo los estribos y resoplo como un niño de metro ochenta y cinco centímetros que no se ha salido con la suya? No me gusta estar en conflicto con ella. Prefiero que nos amemos o soñemos con el futuro, demos un paseo, oremos juntos o disfrutemos de un sabroso plato de espaguetis.

Tampoco quiero pelear con mi papá. Quiero tomar café con él, ir juntos al gimnasio, reírnos de las experiencias con los viajes, hablar sobre lo que estamos aprendiendo en nuestro caminar con Dios, recordar viejas historias que nos hagan reír. Entonces, ¿por qué digo cosas que lo fastidien? ¿Por qué me indigno y me pongo a la defensiva? ¿Por qué tiendo a levantar una pared entre él y yo y me niego a ver las cosas desde una perspectiva que no sea la mía? No es porque yo quisiera que nos quedáramos en un punto muerto. No. Preferiría que nos riéramos hasta que uno o los dos quedáramos llorando o planeáramos volver a reunirnos para seguir disfrutando de la vida juntos.

Menos aún quiero pelear con las personas con quienes trabajo. Quiero estar *con* ellos, no *contra* ellos. Quiero que seamos un equipo, pero un equipo creativo, dinámico e incansable. Quiero que nuestro lugar de trabajo sea desafiante y al mismo tiempo inspirador, un laboratorio en el que podamos explorar e intercambiar ideas y hacer cosas que nunca antes se habían hecho. Quiero que sea un lugar donde el fracaso que se origina en la iniciativa y en la innovación no sea castigado sino esperado y aceptado. Quiero que la pasión, la emoción y la risa nos inspiren y, que a final de cuentas, en lugar de sentirnos agotados nos inunde la emoción.

Entonces, ¿por qué activo mi Steve Jobs interno y me convierto en un jefe voluble, tormentoso y exigente como si fuera un pequeño dictador, un pedante ensimismado e indiferente al impacto que mi humor, mis palabras y mi lenguaje corporal pueden tener sobre quienes me rodean? Preferiría que mi personal se sintiera confiado en el tipo de jefe con el que se podrían encontrar en cualquiera circunstancia, en lugar de caminar con sigilo hasta descubrir con qué versión de mí se están reuniendo.

En todas esas situaciones pronuncio palabras, tomo decisiones y emito señales no verbales que me alejan de donde realmente quiero estar. Si tuviera que pedir un tiempo de descanso en cualquiera de esos momentos para pensar sobre las implicaciones de mi comportamiento, me daría cuenta de eso y corregiría el rumbo. Pero a menudo lo hago cuando ya es demasiado tarde.

Dale Carnegie dijo: «Si quieres miel, no patees la colmena». Si una abeja te pica mientras sacas miel del panal y reaccionas pateando la colmena no va a ayudar a la situación; por el contrario, la empeorará. En cambio, una reacción tranquila te ayudará a obtener lo que quieres.

Fíjate en los resultados de un experimento revelador descrito en el libro *Everyday Emotional Intelligence* [Inteligencia emocional de cada día]:

> Los participantes que fueron tratados groseramente por otros sujetos fueron treinta por ciento menos creativos que otros en el estudio. Produjeron veinticinco por ciento menos de ideas, las que fueron menos originales. Por ejemplo, cuando se les preguntó qué harían con un ladrillo, los participantes que habían sido maltratados propusieron actividades lógicas pero no particularmente imaginativas, como «construir una casa», «construir un muro« o «construir una escuela». Vimos más creatividad en los participantes que habían sido bien tratados; sus sugerencias incluyeron: «vender el ladrillo en eBay», «usarlo como arco para un partido de fútbol callejero», «colgarlo en la pared de un museo y llamarlo arte abstracto» o «decorarlo como una mascota y dárselo a un niño como un regalo».

Ni siquiera tienes que ser el destinatario de un maltrato; el simple hecho de presenciarlo tiene consecuencias negativas. El mismo estudio mostró que «las personas que habían sido testigos de un mal comportamiento tuvieron veinte por ciento menos de respuestas creativas que otras personas».

La conclusión es que el maltrato hace que el rendimiento y el espíritu de equipo se deterioren. Ser grosero tiene un costo. Puede hacer que te sientas bien en el momento, pero será a costa de lo que realmente quieres. Ser rudo no es barato; es caro.

En el fondo, todos lo sabemos. Incluso mientras hablamos imprudentemente a nuestros padres, somos sarcásticos con nuestros cónyuges o le gritamos a la persona de atención al cliente que puede ser condescendiente pero no lo atenta que esperamos que sea, sabemos que estamos empeorando el problema; sin embargo, en esos momentos, no nos preocupamos. Lo único que queremos hacer es patear la colmena. Pronto el problema se hace más grande de lo que era originalmente. En lugar de reducirlo, lo hemos elevado a un nivel completamente nuevo; lo hemos traído acrecentado al punto donde se originó.

Proverbios 30.32 aconseja: «Si como un necio te has engreído, o si algo maquinas, ponte a pensar». (Ese es un buen consejo. Otras versiones de la Biblia dicen, en lugar de «ponte a pensar», dicen: «ponte la mano en la boca»). ¡Cuánto mejor sería nuestra vida si en lugar de decir algo inconveniente, nos tapamos la boca! Y el proverbio sigue diciendo: «que batiendo la leche se obtiene mantequilla, que sonándose fuerte sangra la nariz, y que provocando la ira se acaba peleando» (v. 33).

Crear un ambiente de ira con alguien conducirá a pelear con ese alguien. Y tú dirás: *Por supuesto. Uf, obvio, ¿verdad?* Y, sin embargo, ¿por qué nos alejamos sorprendidos cuando las narices de las personas sangran, las nuestras y las de ellos, y no sabemos cómo actuar ante lo que sucedió? *No lo puedo creer. No lo puedo creer. No lo… ¿cómo sucedió?* Oh, no sé, tú fuiste violento, agresivo y cruel. Y forzaste tu ira. ¿Pero ahora no te gusta el resultado?

Por lo general, en esos momentos nos decimos a nosotros mismos: *Bueno, esa no era mi intención.* ¿Correcto? Usamos nuestras intenciones como excusa para lo que hicimos.

Pero he aquí una hermosa verdad que cambia la vida: tus intenciones no importan; tu comportamiento, sí. Nadie puede oír lo que *quisiste* decir; solo oímos lo que dijiste. El impacto que haces en el mundo es de lo que eres responsable.

Cuando te dejas provocar para darle un golpe verbal a alguien en la nariz has renunciado a lo único que es tuyo y solo tuyo: el autocontrol. Veámoslo de esta manera: si logro entrar a tu vida, me convierto en tu jefe. Si puedo decir la combinación correcta de palabras o unir suficientes insultos para hacerte perder la calma y saco a la superficie a tu Hulk, tengo el control porque me has dado la contraseña que desbloquea tu mal comportamiento. ¿Cuántas veces vas a dejar que los demás hagan contigo lo que quieran antes de recuperar el control?

Lo entiendo. Confía en mí. Tengo factores desencadenantes que me han marcado con éxito tantas veces que ni siquiera me causan gracia. Cuando me siento no amado, ignorado, bombardeado o fuera de control, es casi demasiado fácil permitir que algo me moleste y que salgan de mi boca palabras que no quiero pronunciar. Me siento hipnotizado por mis sentimientos heridos, así que salgo volando de rabia aunque sé que me arrepentiré. Tengo mi pasaporte tan lleno de sellos emocionales de tanto visitar ese territorio que ya no me quedan páginas para más.

Estoy harto y cansado de entregar las riendas de mi vida a otras personas y circunstancias. Pero he encontrado libertad

TUS
INTENCIONES
— NO —
IMPORTAN:

TU
COMPORTAMIENTO,
— SÍ —

al darme cuenta de que, independientemente de lo que haga otra persona, aún tengo una opción y puedo responder de una manera completamente diferente a mi impulso inicial. La diferencia entre las personas y los animales es que, debido a que fuimos hechos a la imagen de Dios, podemos elegir *no* hacer lo que sentimos.

¿No crees que ha llegado la hora de que te liberes de esas presiones?

Cuatro cuadrados para que mejores

He creado un plan de cuatro partes que me da tranquilidad cuando me siento nervioso. Es un gráfico que puedes copiar en una servilleta, en una hoja de papel, en tu diario o en cualquier cosa que tengas a mano. Te recomiendo que las primeras veces que lo uses, lo dibujes y lo rellenes, porque eso te obligará a que te tranquilices. A fin de cuentas, podrás tenerlo dibujado en tu mente y usarlo en tiempo real. Eso te ayudará a sentirte libre de no decir todo lo que te dan ganas de decir.

Dibuja una cruz y, en los cuadrantes superiores, de izquierda a derecha, escribe las palabras *analizar* y *extrapolar*, dejando bastante espacio debajo. En los cuadrantes inferiores, escribe las palabras *priorizar* y *navegar*.

Bajo *analizar*, escribe: *Quiero…* y luego escribe exactamente lo que quieres decir o hacer porque estás enojado, triste o te sientes rechazado. Analiza exactamente lo que estás sintiendo. No huyas de tus emociones; estúdialas.

- *Tengo ganas de decir algo malo o sarcástico.*
- *Tengo ganas de manifestar una rabieta.*

- *Tengo ganas de pegarle fuego a esa persona de servicio al cliente por no ayudarnos aunque habíamos estado esperando que nos atendiera más tiempo que nadie.*
- *Tengo ganas de decirle a mi cuñado que es un flojo y un desvergonzado.*
- *Tengo ganas de sacar a relucir esa vieja historia cuando discutimos con mi cónyuge a pesar de que no está relacionada y está fuera de contexto.*

Mientras escribes lo que quieres hacer, trata de sentir las oleadas que te empujan a llevar a cabo esas cosas. No luches contra eso; solo siéntelas.

Haz esto cada vez que tengas el impulso de descargar tu ira sobre alguien, cada vez que te sientas preparado para hacer algo que resultará en un conflicto. Detente y analiza lo que quieres hacer y por qué quieres hacerlo.

Con el tiempo, comenzarás a notar hilos comunes, temas consistentes y patrones. Notarás, cada vez que *eso* sucede, *así* es como me siento, y *esto* es lo que me hace querer hacerlo. Cuanto más podamos entender las emociones que impulsan nuestras palabras, mayores serán las posibilidades de que tengamos que procesarlas antes de transformarlas en acción.

Analiza tus sentimientos en lugar de agredir físicamente. Es mejor recoger un pedazo de papel que golpear una almohada, golpear un saco de boxeo o clavar agujas en una muñeca vudú. Aunque no lo creas, esta terapia de estrés fue alentada por los expertos como una forma saludable de sacar la ira de tu sistema. Con todo, Gary Chapman, experto en relaciones humanas escribió en su libro sobre la ira que «ahora, casi todas las investigaciones indican que la descarga de sentimientos de enojo con comportamientos agresivos no agota la ira de una persona, sino que en realidad es muy probable que vuelva a manifestarse en el futuro». La pluma es más poderosa que la muñeca de estrés.

Después de que hayas analizado la situación, el siguiente paso es la *extrapolación*: si hago *esto*, entonces ocurrirá *eso*. Arma el escenario y llévalo a su final lógico.

En esta fase, estás trabajando con una simulación, probando la respuesta antes de comprarla y sacarla de la tienda. Es un salvavidas, como tener de asistente a un virtual *Iron Man* dentro de tu cabeza. El punto es entender la trayectoria. Puedes volar todo lo alto que quieras pero, para que lo sepas, no tienes suficiente poder en tu traje para aterrizar de forma segura. Así que hazlo si quieres, pero sé que va a ser un aterrizaje accidentado. Es increíblemente útil comprender las implicaciones de una determinada decisión antes de tomar medidas.

Si digo *esto*, ella va a decir *esto otro*. Si replico con el insulto perfecto, se escuchará en todo el mundo. ¿Qué va a pasar después? ¿Qué es probable que haga? ¿Qué voy a hacer? ¿Cómo manejaré esa situación? ¿Qué le hará a la tensión? ¿Cuáles son los efectos a largo plazo en mi familia, en mis hijos, en mi reputación, en mi carrera?

Digámoslo claro. Todavía puedes decidir el curso de acción que quieras tomar, solo asegúrate de que entiendes lo que puede ocurrir según lo que decidas hacer o, dicho de otra manera, qué dominó va a caer con la decisión que hagas. Proverbios 4.26 dice: «Endereza las sendas por donde andas; allana todos tus caminos». Ese versículo nos obliga a preguntarnos: «¿Me llevará este camino a un lugar de mi agrado? ¿Disfrutaré del frío silencio provocado por haber respondido con un comentario que duele?».

Una persona sabia dijo una vez: «Si hablas cuando estás enojado, harás el mejor discurso del que te tendrás que arrepentir».

Lo mejor de la extrapolación es que puedes adaptarte y tomar las riendas de tus emociones antes de que te apresuren hacia el abismo.

El tercer paso es *priorizar*. Escribe: *Lo que realmente quiero que suceda es...* Ya calculaste las implicaciones de lo que querías hacer y (espero) te diste cuenta de que no es eso lo que querías. Ahora pregúntate: *¿cuál* quiero que sea el resultado de esta situación? ¿Cómo quiero que termine esta noche? Si pensaras en un guion para esta historia, ¿qué crees que habría en la última cara del cómic? ¿Cuál sería la escena final antes de que aparezcan los créditos?

- *Quiero que me presten atención.*
- *Quiero un asiento en el avión.*
- *Quiero que me respeten.*
- *Quiero terminar la noche riéndome con mi esposa.*
- *Quiero hacer las paces para poder besarnos y luego dormir abrazados.*

Recuerda que originalmente viniste por miel, no por una picadura de abeja.

Cuando me tomo el tiempo para hacer este ejercicio, me doy cuenta de que hay cosas que importan mucho más que una reivindicación temporal. Por muy bien que te sientas en el momento de deshacerte de alguien, el placer es extremadamente efímero, y tú quedas convertido en un desastre. Como dije en mi último libro, *Swipe Right* [Toma decisiones sabias en las cuestiones del corazón], no cambies lo que más quieres por lo que te hace sentirte bien en ese momento.

El último y más importante paso es *navegar*. En este cuadrante, escribe: *Lo que tengo que hacer para llegar allí es...*

¿Qué puedes hacer para que te lleve desde donde estás a donde quieres estar? Una advertencia: a menudo será lo contrario de lo que en un principio pensaste hacer.

- Para obtener en el restaurante la mesa que deseas, intenta ser amable y simpático, no sarcástico ni mostrar aires de superioridad.
- La honestidad, la humildad y la vulnerabilidad funcionan cuando quieres que tu cónyuge te preste atención.
- Con toda calma dile a tu hermana que ella lastimó tus sentimientos; esto funciona mejor que guardar el malestar y después dejarlo salir a través de expresiones y actitudes agresivas con apariencia de pasivas.
- Pide a las personas con las que estás en conflicto que te ayuden a ver la situación a través de sus ojos, en lugar de asumir que tu perspectiva de la situación es la correcta y definitiva.

Esto me recuerda a una de las fábulas de Esopo:

Un día, el Viento y el Sol discutían cuál era el más fuerte. De pronto, vieron a un viajero que venía por el camino, y el Sol dijo: «Veo una manera de decidir nuestra disputa. Cualquiera que haga que ese viajero se quite el abrigo será considerado el más fuerte [.] Comienza tú». Entonces el Sol se retiró detrás de una nube, y el Viento comenzó a soplar tan fuerte como pudo sobre el viajero. Pero mientras más soplaba, más se arropaba el viajero con su abrigo, hasta que, desesperado se rindió dejando de soplar. Entonces el

Sol salió y alumbró en toda su gloria sobre el viajero, que pronto sintió que estaba demasiado acalorado para seguir caminando con su abrigo puesto.

La bondad surte más efecto que la severidad.

El viento resopló y resopló, pero lo único que consiguió fue que el viajero se abrigara más. El sol, en cambio, iluminó el día y a través de la suavidad, ganó la apuesta.

La Biblia concuerda con que la gentileza y la amabilidad son más fuertes que la furia y la fuerza: «La respuesta amable calma el enojo, pero la agresiva echa leña al fuego» (Proverbios 15.1).

Entender estos cuatro pasos y aplicarlos ha ayudado inmensamente a mi matrimonio. Nuestra vieja tendencia era poner en el cuadrante 1 lo que fuera que para mí era necesario hasta que descubrí que tenía problemas cuando no nos apegábamos al plan que yo había trazado o que algo que yo había dicho no se cumplía. Entonces, venía el aluvión de preguntas que complicaba aún más las cosas: «¿Por qué no estabas listo a tiempo? ¿Por qué esperaste para llevar a las chicas al baño hasta que el avión despegara? ¿No recuerda que le pedí que transfiriera ese dinero en vez de cambiar el cheque?». Yo quería que todo fuera ágil, puntual y listo para rodar, sin darme cuenta de que muchas veces los demás no están dispuestos a escuchar y seguir las instrucciones de un pequeño dictador. Es cuando te humillas como servidor que los demás están dispuestos a seguirte como líder. Ser amable es mil veces más efectivo que ser un imbécil.

En situaciones en las que se sentía descuidada, Jennie solía encerrarse en sí misma y pretender que todo estaba bien, pero su lenguaje corporal claramente demostraba que no estaba feliz. Lo que ella quería era amabilidad, afecto y atención, pero estaba tratando de conseguirlo actuando como un puercoespín, y nadie quiere abrazar a un puercoespín. La mejor manera de hacer que me preocupara por ella era que aprendiera a decirme que estaba triste y que me necesitaba. Eso rompería mi corazón y me haría que la abrazara. La otra estrategia me confundía, me frustraba y me alejaba de ella.

Advertencia: si eliges el camino productivo en lugar del que originalmente tenías en mente, al principio sentirás que te estás traicionando a ti mismo. Nuestra cultura le da mucho valor a ser fieles a nosotros mismos. No hacer y decir lo que sentimos es difícil porque va en contra de ese concepto. Pero nos lleva a algo aún mejor: llegar a ser lo que queremos ser. Mi amiga Lysa TerKeurst lo expresa de esta manera en su nuevo libro, *It's Not Supposed to Be This Way* [No se supone que debe ser de esta manera]: «Si vamos a ser honestos con nosotros mismos, es mejor que nos aseguremos de ser fieles a nuestro más rendido, sano y saludable yo, el que Dios quiso que fuéramos». Podrías luchar contra la ira, pero no ser una persona iracunda. Fuiste creado a la imagen de Dios. Eso que sientes no es lo que realmente eres.

El chisporroteo satisfactorio del comentario sarcástico es como entrar en el autoservicio de Taco Bell cuando estás hambriento y pedir unos tacos con mucho queso. La ensalada de col rizada, rociada con un poco de aceite de oliva, se tragaría tu orgullo haciendo lo correcto, parecerá mucho menos agradable en el momento. Cómo sabe no es el problema; a lo que conduce es la clave.

Estaba manejando al aeropuerto de Portland desde el centro de la ciudad cuando me di cuenta de que iba a perder mi vuelo. La carretera estaba atestada y no se veía que iba a mejorar. El GPS me dirigió a que abandonara la carretera y siguiera por las calles paralelas. Las instrucciones me llevaron a través

de barrios residenciales con parada de cuatro vías unas detrás de otras. Pero nada de eso me importaba: lo único que quería era llegar a tiempo al aeropuerto. Cuando necesitas llegar a algún lugar, lo importante no es si un camino es agradable para conducir. Ni lo bello del paisaje o lo suave del asfalto. Todo lo que importa es si la ruta te conduce al destino previsto. Ese es el pragmatismo que necesitas aplicar a la comunicación en tus relaciones. No importa cuán accidentado sea el camino; lo único que importa es: «¿Me llevará esta decisión adonde quiero llegar?». Optar por abandonar la decisión de regañar, menospreciar y criticar te hará sentir tan bien cuando navegues hacia donde habías determinado anticipadamente que querías llegar.

Es probable que haya situaciones en las que te hayas sentido como Bill Murray en *El día de la marmota*. Una y otra vez, terminaste en un punto muerto o en una pelea u otro encuentro frustrante con tu suegra o tu hermano, y en cada caso te has ido sangrando de la nariz de tanto forzar tu ira. Quizás debas intentar una nueva estrategia. «El prudente ve el peligro y lo evita; el inexperto sigue adelante y sufre las consecuencias» (Proverbios 22.3). ¿Cuántas veces vas a necesitar que te golpeen antes de que empieces a esquivar los golpes? Comienza a tomar nota de todas las situaciones que te ciegan y te incitan a responder de una manera que no te gusta. Luego, toma nota de lo que tienen en común, para que puedas verlas venir y esquivarlas a tiempo.

Otra pregunta útil a considerar es esta: *¿Cómo quiero que la otra persona maneje esto?* Quizás pienses que esto es algo ridículo. Y quizás lo sea, pero ayuda. Voy a pensar: *¿Qué debería decirle Levi a su esposa o a sus hijos cuando se siente frustrado?* La mayoría de las veces, la respuesta es: escucha más y habla menos; pon más empatía y menos sermón. A nadie le importa lo que sabes si no saben que te importa. Cuando lo pienso así, mi elección es fácil: *¡Aléjate de mí, perverso!*

Imagina quién te gustaría que fueras e imagínate a esa persona irritada. Imagínate respondiendo como lo haría ella. Pídele a Dios fortaleza y cierra la brecha entre lo que eres y para lo que naciste al hacer la elección correcta, independientemente de cómo te sientas en el momento.

Cambia tu perspectiva

Hay otro aspecto para mantener tu temperamento bajo control y es saber que tu perspectiva no es la única. Como ves la situación puede no ser del todo correcta.

Henry Ford dijo en una ocasión: «Si hay algún secreto para tener éxito, está en la capacidad de obtener el punto de vista del otro y ver las cosas desde su ángulo, tanto como desde el propio tuyo».

Sin embargo, dada la forma en que están configurados nuestros cerebros, es difícil hacer eso. Leí algo fascinante en el increíble libro *Rising Strong* [Más fuerte que nunca] de Brené Brown. Ella muestra en forma convincente por qué puede ser tan difícil ponernos en el lugar de otra persona. Aparentemente, cuando escuchamos una historia, nuestros cuerpos liberan cortisol, una hormona del estrés, que no la libera nuestro sistema sino hasta que haya una resolución. Y explica:

> En ausencia de datos, siempre inventaremos historias. Así es como estamos conectados. De hecho, la necesidad de crear una historia, especialmente cuando nos sentimos lastimados, es parte de nuestro cableado de supervivencia más primitivo.

Encontrarle sentido a las cosas yace en nuestra biología y, a menudo, nuestra tendencia nos llevan a crear una historia que tenga sentido, que nos resulte familiar y que nos ofrezca una idea de cómo protegernos mejor...

Robert Burton, neurólogo y novelista, explica que nuestros cerebros nos recompensan con dopamina cuando reconocemos y completamos patrones. Las historias son patrones. El cerebro reconoce la estructura familiar de principio a fin de una historia y nos recompensa para aclarar la ambigüedad. Desafortunadamente, no necesitamos ser exactos, solo certeros.

¿Conoces esa maravillosa sensación que experimentamos cuando conectamos los puntos o algo que finalmente tiene sentido por primera vez? ¿El «momento *intuitivo*», como lo llama Oprah? Burton lo usa como un ejemplo de cómo podemos experimentar la recompensa de reconocimiento de patrones de nuestro cerebro. La parte difícil es que la promesa de esa sensación puede seducirnos para que cancelemos la incertidumbre y la vulnerabilidad que a menudo son necesarias para llegar a la verdad.

Burton escribe: «Debido a que estamos obligados a hacer historias, a menudo nos vemos obligados a tomar historias incompletas y funcionar con ellas». Y sigue diciendo que aun con la mitad de una historia en nuestras mentes, «obtenemos una "recompensa" de dopamina cada vez que nos ayuda a entender algo en nuestro mundo, aunque tal explicación sea incompleta o incorrecta».

¡Qué cosa! Nuestros cerebros están tan hambrientos de escribir un «caso cerrado» sobre el comportamiento extraño de otras personas que pueden llevarnos a que los condenemos falsamente de un crimen que podrían no haber cometido, todo para obtener la satisfacción de no tener que preguntarles qué motivos tuvieron para hacerlo. Tu esposo —o tu esposa— podrían haber estado legítimamente ignorantes de la situación, sin maldad, pero debido a que tu cerebro odiaba no saberlo, hiciste de juez, jurado y verdugo y decidiste cuáles fueron sus motivos. En palabras de Brené, terminaste sintiéndote seguro, aunque no lo estuvieras. Esa es una posición peligrosa, porque estás tratando a la otra persona como si fuera alguien que tal vez no sea. Pero debido a que ya hemos recibido la recompensa química por nuestro trabajo detectivesco, es difícil que nos convenzamos de lo contrario. No olvides que no eres el único que intenta ganar la guerra dentro de ti. Las personas que te rodean pueden detestar tu mal comportamiento tanto como tú. Un poco de paciencia sirve de mucho.

En definitiva, es frustrante cuando eres tú el destinatario de ese juicio; cuando alguien parece creer que tú hiciste algo aun cuando, desesperadamente, tratas de dejar las cosas claras.

Debido a ese sesgo cognitivo hacia la certeza, recuerdo haber recibido una fuerte impresión cuando leí el siguiente lenguaje que Brené recomienda en su libro: «*La historia que estoy escribiendo en mi cabeza*» es que tú hiciste _____ porque _____. *Si eso es incorrecto, ¿puedes ayudarme a aclararlo?* Eso le permite a la otra persona saber cómo ves tú las cosas y de qué manera tu cerebro está tratando de reaccionar ante eso, pero lo hace en un tono suave porque aún no estás seguro de tus hallazgos. Los dos tienen la oportunidad de ver las cosas a través de los ojos del otro.

El uso de este lenguaje en nuestra familia ha reducido la intensidad de tantas situaciones que amenazaban con hacerse grandes a una velocidad creciente. Jennie y yo optamos por contarnos las historias que se escriben en nuestras cabezas dándonos la oportunidad de explicar si, de hecho, hay más en la historia de lo que parece. Hablar con nuestras hijas de esta manera y animarlas a que compartan con nosotros sus escritos mentales no solo ha desactivado situaciones que de lo contrario habrían seguido intensificándose, sino que las ayuda a no sentirse atacadas. El lenguaje da cabida a la posibilidad de que lo que les está llamando la atención no sea toda la verdad, y les estás pidiendo humildemente que arrojen luz sobre cómo ves tú sus acciones.

La próxima vez que te sientas confundido porque alguien dijo algo inconveniente y te den ganas de patear la colmena y soltar una andanada de afirmaciones tan duras que hasta los más curtidos comentaristas de YouTube se estremecerían, discúlpate, dibuja una matriz con los cuatro cuadrantes y recalcula tu ruta. Cuanto más lo hagas, más rápido llegarás al punto en que puedas hacerlo en tu cabeza en el tiempo que lleva inhalar profundamente. Vas a necesitar esa velocidad porque la vida es rápida y desordenada, y se vuelve más loca cuando las balas comienzan a volar. Recuerda, estamos en guerra.

En la página siguiente voy a incluir un cuadrante en blanco para que puedas completarlo con cualquiera situación con la que estés batallando en este momento. Usa este ejercicio y podrás evitar comprar cosas que no querrás pagar cuando llegue la factura. Ser grosero puede ser fácil, pero definitivamente tiene su costo. Y es alto.

ANALIZAR   EXTRAPOLAR

PRIORIZAR   NAVEGAR

DECLÁRALE
LA GUERRA

A LO QUE HACES

LAS DECISIONES QUE REPITES FORMARÁN
LA VIDA QUE LLEVAS

RECUPERA LOS CONTROLES

R2, ¡sácanos de este piloto automático!
¡Nos va a matar a los dos!

—Anakin Skywalker

Las decisiones que hacemos poco a poco van moldeándonos a nosotros. El filósofo Will Durant dijo: «Somos lo que hacemos repetidas veces». En esta sección, les hablaré sobre por qué las decisiones que se repiten son realmente importantes.

Los robots están tomando el mando. Alexa pone la música, abre la puerta de entrada y activa la alarma. Los televisores tienen sensores que detectan el movimiento y activan una pintura de su elección para que se muestre en la pantalla cuando alguien entra en la habitación. Siri te envía mensajes de texto mientras conduces, y si te desvías mientras le aplicas la sintonía fina a tu mensaje, el carril automático hace que tu auto avance entre las líneas punteadas, mientras que el frenado inteligente reduce tu velocidad para mantener el ritmo con el flujo del tráfico.

Mientras puedas decir las palabras «Okey, Google», ya no necesitas saber cuántas cucharaditas hay en una taza (cuarenta

LAS
DECISIONES
QUE · HACEMOS
POCO
A
POCO
VAN
MOLDEÁNDONOS
A
NOSOTROS.

y ocho), cuál es la capital de Vermont (Montpelier), dónde está el lugar más cálido del mundo (Furnace Creek, California) o qué edad tenía Michael Jackson cuando murió (cincuenta). Ya no tienes que atarte un hilo en el dedo índice para recordar pedir toallas de papel nuevas o detergente para lavar la ropa o café descafeinado cuando vas al supermercado o haces el pedido por teléfono o por computadora. Hoy basta con presionar un botón o una tecla en el tablero de Amazon que tienes montado en la cocina o en la lavandería para que en forma instantánea, a mil kilómetros de distancia, un brazo robótico busque lo que has ordenado en una caja de cartón con un código de barras y tu pedido se ponga en camino.

¿Por qué, después de haber buscado en la Internet pantalones para hacer yoga o botas Chelsea o bufandas Lenny Kravitz u hoteles en Chicago, cada página en la red que visitas está misteriosamente llena de anuncios de pantalones para hacer yoga, botas Chelsea, bufandas de Lenny Kravitz y hoteles en Chicago? Porque te están estudiando permanentemente para que seas comprador. Los videos de YouTube que acostumbras ver, tu historial de búsqueda, tus publicaciones en Facebook, la frecuencia de tus correos electrónicos, el tiempo que pasas en los sitios web, cuántos segundos transcurren antes que actives el ratón y hagas clic en un enlace, si dudas antes de responder una pregunta, todos estos datos están sistemáticamente grabados, procesados, registrados y mercantilizados. Las empresas saben que si te muestran las cosas que deseas ver durante el tiempo suficiente, seguramente terminarás comprando lo que quieren que compres.

Este es un mundo nuevo desbordante en automatización. Más y más cosas suceden por sí solas sin que se requiera la participación humana. Estos cambios tienen una gran cantidad de beneficios interesantes. Por ejemplo, los teléfonos que cambian automáticamente al horario de verano eliminan el estrés de tener que acordarse de hacerlo manualmente. Los automóviles que se manejan solos son probablemente una opción mucho mejor que si los manejara una persona. Volar en un avión es drásticamente más seguro que «volar» en un automóvil, probablemente porque gran parte del viaje se realiza a través del piloto automático.

No te digo esto para infundirte miedo a la automatización que ocurre a tu alrededor, sino para llamar tu atención sobre la automatización que está ocurriendo *dentro* de ti. No son solo los automóviles, las casas, las lavadoras y los sitios web que se han automatizado. Tu comportamiento también. Tus pensamientos, tus palabras, cómo respondes a tus estados de ánimo, sobre qué sentimientos actúas, cómo te diriges a tu marido o a tu esposa, la forma en que tratas a los que tienen autoridad, y cómo hablas contigo mismo son como gotas de agua cayendo sobre la roca que terminan por desgastarla. Con el tiempo suficiente, ese goteo puede convertirse en el Gran Cañón del Colorado.

En el libro *Everyday Emotional Intelligence* [Inteligencia emocional cotidiana] encontré un ensayo fascinante y a la vez alarmante que afirma que las «investigaciones sugieren que nuestro rango de habilidades emocionales queda relativamente establecido a mediados de los veinte y que nuestros comportamientos de acompañamiento son, en ese momento, hábitos profundamente arraigados». Eso quiere decir que cuanto más actuamos de cierta manera —con alegría, deprimidos o irritables— más se arraiga ese comportamiento en nuestro circuito cerebral.

Cuando se quiere «chorrear» concreto se vierte dentro de un molde de tablas; al secarse y endurecerse, se quita el molde de tablas y el concreto queda listo para aplicarse. Tus hábitos son como uno de esos moldes y el tiempo es el concreto que vertimos en él. Eso significa que es absolutamente crucial que el lobo se despierte en tu corazón y declares la guerra a la versión de ti que no quieres ser. No tienes un momento que perder. No puedes darte el lujo de posponer el cambio hasta mañana; es ahora o nunca. Tus hábitos se están endureciendo mientras hablamos.

]NGORPORAR EN UNA RUTINA

Tu cerebro trata de conservar sus recursos limitados con el fin de tener capacidad de procesamiento disponible para lo que necesites. Cualquier cosa que hagas repetidamente, busca «incorporar» en una rutina de una serie de pasos almacenados en un archivo que se puede disparar y llevar a cabo sin tener que pensar en ello. Toma como ejemplo los pasos que das cuando te sirves un tazón de cereal. Después de verter la leche, probablemente siempre cierras el refrigerador de la misma manera, ya sea con el pie o con la mano que tienes libre. Mientras realizas esta serie de movimientos, puedes estar pensando en la reunión de trabajo programada o en el correo electrónico que necesitas mandar o en cualquiera otra cosa y lo puedes hacer porque para servirte el cereal no tienes que pensar en lo que estás ejecutando.

¿Alguna vez saliste de la bruma mental mientras estabas sentado en la entrada de tu casa y te diste cuenta de que no recordabas nada del viaje que acababas de hacer para regresar a casa? Cuando sales del trabajo, del gimnasio o de la tienda de comestibles, tu cerebro dice: «Veo lo que viene ahora. Yo me haré cargo». Esta es la razón por la cual lo primero que debes hacer cuando te sientas tras el volante y necesitas concentrarte en la conducción del vehículo es apagar el radio. Mientras el tráfico es leve puedes encenderlo y escuchar música, pero cuando te encuentras con un congestionamiento de tráfico, necesitas apagarlo para liberar espacio en el cerebro y poder concentrarte en lo que estás haciendo.

Tienes miles de esos archivos almacenados y esparcidos alrededor de los lugares a los que vas y de las situaciones en las que te encuentras regularmente. Si alguna vez has conducido al lugar equivocado por accidente, es probable que hayas ido a parar a un lugar donde vas con frecuencia, porque sin pensar has activado el archivo mental equivocado. Según una investigación de la Universidad de Duke, aproximadamente el cuarenta y cinco por ciento de las cosas que hacemos diariamente son producto de hábitos. Eso significa que casi la mitad de tu vida no estás pensando realmente en lo que estás haciendo, sino que estás ejecutando un ritual automatizado elaborado previamente.

Eso puede ser algo bueno o malo, dependiendo de cuáles sean tus hábitos. ¿Te abrochas el cinturón de seguridad cuando subes a tu auto? Estupendo. ¿Callas cuando sientes tus sentimientos heridos? A veces.

¿Por qué se crearon ciertos archivos? ¿Fue por un mal ejemplo? ¿Emulaste ciertos comportamientos de los miembros de tu familia durante tanto tiempo que llegaron a ser algo automático en ti? Quizás los hayas creado en respuesta a algún dolor. Siempre vas al restaurante *Chick-fil-A* cuando has tenido un mal día en el trabajo porque necesitas carbohidratos vacíos para despejar tu mente de tus sentimientos. U optas por un trago fuerte, o dos en el almuerzo en un día de trabajo cuando te sientes deprimido.

Es muy importante que sepas cuáles son tus hábitos. Los malos hábitos te ponen en desventaja, independientemente de lo que hagas el resto del tiempo. Puedes tener las más nobles intenciones de honrar a Dios o ser un individuo con personalidad, pero los malos hábitos relacionales, financieros o físicos pueden detenerte. Si es cierto que el cuarenta y cinco por ciento de tu vida la vives en piloto automático, eso significaría que ya estás bloqueado en tus intentos por tener la vida que deseas, porque estás trabajando con solo el cincuenta y cinco por ciento de tu energía, tiempo y atención. Basado en mis matemáticas de servilleta y teniendo en cuenta que soy terrible con los números, si hiciste todas tus decisiones consciente de querer hacer lo correcto, tu potencial más alto te daría una mala calificación una vez restados tus malos hábitos. Y con una mala calificación no vas a llegar a ninguna parte. Es una gran desventaja que hay que superar.

Por otro lado, si adquieres hábitos saludables, las elecciones correctas se darán en forma automática. Cualquier esfuerzo consciente que pongas será una mejora adicional. ¿Qué tan épico sería si, antes de usar un gramo de fuerza de voluntad y tomar una decisión única, comenzaras en un cuarenta y cinco por ciento? Solo tendrías que esforzarte al veinte por ciento para obtener la misma mala calificación que habría requerido tres veces más trabajo con malos hábitos.

En pocas palabras: no tienes que esforzarte tanto si logras que tus hábitos te den resultados. Tus hábitos hacen que el viento te sople en la cara o en la espalda. Los hábitos correctos necesitan quedarse y los equivocados deben irse.

DISTRAÍDOS POR LA GRANDEZA

Un hábito particularmente malo que amenaza nuestra capacidad de alcanzar la grandeza es nuestra adicción a las pantallas.

Los estadounidenses gastamos hasta cinco horas al día en nuestros teléfonos. Casi un tercio del tiempo que estamos despiertos, estamos encorvados ante las pantallas brillantes. Eso es más tiempo que el que se da a cualquiera otra actividad en nuestras vidas aparte de dormir. Ciento cincuenta horas al mes revisando correos electrónicos, enviando mensajes de texto, jugando al juego recién creado, haciendo compras en línea, poniendo orejas de perro y narices en nuestras caras, leyendo blogs, seleccionando *GIFs* y *emojis*, y poniéndonos al día en Twitter. En el transcurso de una vida, eso suma unos catorce años.

Aquí hay una idea aterradora: si tienes una cuenta de Instagram, en realidad no eres su cliente. ¿Alguna vez les pagaste por los servicios prestados? ¿Cómo puedes ser cliente si nunca les has comprado nada? Instagram recibe dinero, puedes estar seguro de eso, pero no de sus usuarios. Un cliente es aquel que compra bienes o servicios de un negocio. Entonces, ¿quién es cliente de Instagram? Los negocios. ¿Qué tiene que ver eso contigo o conmigo? Nosotros somos el producto que están vendiendo. Nuestros ojos, para ser precisos, y pequeños pedazos de nuestras almas. Instagram regala la aplicación de forma gratuita, y una vez que aplicamos, nuestra atención se vende a aquellos que quieren poner las cosas en frente de nosotros mientras estamos allí. Estamos siendo utilizados.

El programa televisivo *60 Minutos* llevó a cabo un estudio llamado *Brain Hacking* (Piratería informática cerebral) sobre cómo la industria de los teléfonos celulares gasta enormes sumas de dinero en las propiedades adictivas de nuestros dispositivos electrónicos. Las empresas tecnológicas contratan expertos cerebrales para descubrir cómo hacer que lancemos aplicaciones con mayor frecuencia y que pasemos más tiempo (y dinero) en ellas; en otras palabras, para hacer de su uso un hábito. Los «me gusta», los mensajes de texto, las notificaciones y los correos electrónicos provocan recompensas de dopamina en nuestros cerebros, llegando a sentir el mismo placer que produce tirar del brazo de una máquina tragamonedas en un casino de Las Vegas. Activar tu teléfono o tableta equivale a tirar del brazo de la máquina tragamonedas, porque tu mente está ansiosa por ver qué sucederá después. Cuando no has activado tu dispositivo por un tiempo, tu cerebro libera una hormona del estrés llamada cortisol en un plan para provocar otro golpe de dopamina para que sientas que te estás perdiendo algo. Justin Resenstein, el creador del botón «me gusta» de Facebook, describe los «me gusta» como «golpes alegres de falso-placer».

En esa parte del programa de *60 Minutos*, Anderson Cooper interrumpió al experto al que estaba entrevistando para decirle que no podía concentrarse en la conversación porque todo lo que podía pensar era si había recibido un mensaje de texto. Los investigadores lo conectaron a electrodos y pusieron su teléfono fuera de su vista; la aguja saltó cuando el teléfono de Cooper zumbó y él no pudo contestar. Literalmente pudo verse el FOMO *(Fear of missing out o «miedo a perderse algo»* y la PSA *(Phone Separation Anxiety*, o «ansiedad por separación del teléfono») en la visualización proveniente de su cerebro. Es triste pero cierto: la respuesta condicionada a volver en forma compulsiva a nuestras bandejas de entrada de correo electrónico o mensajes o reportes sociales no nos satisface. Solo profundiza nuestra dependencia y nos deja como un alcohólico anhelando otro trago.

Los expertos admitieron prácticas como contener los «me gusta» hasta que los algoritmos indicaran que es más probable que tú pases un buen período de tiempo conectado. Es por eso que no obtendrás solo un «me gusta», sino un estallido de ellos. Se trata de transformar tu mente en un puré.

Y les está funcionando.

Los robots están tomando el control, de acuerdo, solo que *nosotros* somos los robots, brincando cada vez que el *beep* suena y se nos cae la baba cada vez que escuchamos el *ring*. ¿Cómo vas a hacer todas las grandes cosas que Dios te ha llamado a hacer si dedicas tanto control a ti mismo?

Hace poco, leí *The American Spirit: Who We Are and What We Stand For* [El espíritu americano: quiénes somos y qué representamos], de David McCullough. Lo que allí encontré me paró en seco. McCullough es un célebre historiador cuyos *best sellers* en temas como la Guerra de la revolución, el presidente John Adams y los hermanos Wright son lecturas increíbles. *The American Spirit*, sin embargo, es una colección de discursos que ha pronunciado en graduaciones universitarias y ocasiones notables como el bicentenario de la construcción de la Casa Blanca.

Sus palabras me conmovieron, especialmente cuando habló sobre el hecho de que muchas personas hoy en día no leen. Entre aquellos con un título universitario, un tercio no leyó un solo libro el año pasado. ¡Asombroso! (A propósito de lector, si has llegado hasta aquí leyendo, probablemente llegues hasta el final, ¡felicitaciones a ti!)

Una parte en particular que me hizo reflexionar fue su descripción de Thomas Jefferson. Dice: «Leía en siete idiomas. Era abogado, agrimensor, ardiente meteorólogo, botánico, agrónomo, arqueólogo, paleontólogo, etnólogo indio, clasicista y arquitecto brillante. La música era la pasión de su alma; las matemáticas, la pasión de su mente».

¿Me estás tomando el pelo? ¿Siete idiomas?, ¿meteorólogo?, ¿etnólogo indio?, ¿arquitecto? Pero no le prestes mucha atención a eso porque la música era su verdadera pasión, de su alma, de todos modos. En su mente, él siempre fue un tipo matemático. Le leí ese párrafo a Jennie y le comenté: «Por eso fue que pudo escribir la Declaración de la Independencia». Por cierto, tenía treinta y tres años cuando la redactó.

Imagínatelo sentado, con todo el Congreso Continental respirando sobre su cuello y George Washington esperando cruzar el Potomac, y escribiendo estas palabras: «Sostenemos que estas verdades son evidentes por sí mismas, que todos los hombres son creados iguales, que están dotados por su Creador con ciertos derechos inalienables, que entre ellos están la vida, la libertad y la búsqueda de la felicidad».

Si dejaras tu teléfono por unos minutos, tomaras unos cuantos libros, y adoptaras como pasatiempo la paleontología o la botánica o, por qué no, las dos disciplinas y seis más, quizás también podrías crear algo que llegue a cambiar el mundo.

El mundo no necesita otra Declaración de Independencia, pero sí necesita desesperadamente ver la grandeza que Cristo te ha dado, la grandeza que está a punto de estallar. Pero debes ganar la guerra contigo mismo antes de que esa grandeza pueda ver la luz del día.

Los hábitos que permites en tu vida hoy determinarán en lo que te convertirás mañana.

Tu futuro es una versión exagerada de lo que eres hoy. El tiempo no cambia nada; simplemente se profundiza y revela quiénes somos. Si eres amable hoy, serás más amable mañana. Si eres cruel hoy, eso también se profundizará. Las líneas de la sonrisa o las arrugas cuando frunces el ceño se están formando en tu cara en este momento. Los ancianos generosos son personas que, cuando eran jóvenes, vivían la generosidad, y

los viejos malhumorados crecían a partir de jóvenes que nunca aprendieron a salirse de su propio camino.

En un discurso de graduación, David McCullough habló a una generación que es adicta a Internet y ha perdido de vista los placeres simples:

> «En algún momento, en algún lugar a lo largo de la línea, memoriza un poema. En algún momento, en algún lugar a lo largo de la línea, sal al campo y pinta un paisaje para tu propio placer. En algún momento, en algún lugar a lo largo de la línea, planta un árbol, cómprale a tu padre una buena botella de vino neoyorkino, escribe una carta a tu madre».

Independientemente de los nuevos hábitos que adoptes, asegúrate de escribirlos. Quienes comprometen sus objetivos registrándolos en papel tienen un cuarenta y dos por ciento más de probabilidades de lograrlos y ganan nueve veces más durante su vida que las personas que no lo hacen.

A medida que avanzamos hacia el siguiente capítulo, en el que voy a hablar más sobre cómo desmalezar tu jardín de hábitos, quiero que sepas esto: te sentirás realmente incómodo desechando el comportamiento que ha estado contigo durante tanto tiempo. Tu deseo de comodidad te pedirá que regreses a como eras antes. Pero no debes renunciar a lo que escribiste al comienzo del libro, cuando decidiste declarar la guerra. Te lo ruego.

Las personas que mueren de hipotermia a menudo cuando las encuentran, están desnudas. En sus momentos finales, han estado tan convencidos de que están calientes, que llegan hasta a despojarse de sus ropas.

Lo que se siente bien y lo que es correcto son dos cosas muy diferentes.

COMIENZA ANTES DE QUE ESTÉS LISTO

La forma de comenzar es dejar de hablar y echar a andar.

—Walt Disney

En eso estamos tú y yo. Te felicito por haber llegado tan lejos. Eso significa que has tomado en serio esto de superarte lo suficiente como para haber llegado al capítulo 9 de un libro titulado *Declaro la guerra* y no te has retirado como un aspirante a integrar las fuerzas especiales de la Marina de Estados Unidos cuando las cosas se han puesto duras. ¡Bravo! Hay más del libro en tu mano izquierda que en tu mano derecha, menos hacia adelante que lo que ha quedado atrás. Ahora, si prefieres el audiolibro que el impreso, tengo menos palabras que decir que las que he dicho aquí.

En la primera sección, con la primera carta descubrimos la importancia de los pensamientos que se generan en nuestra mente. Con la segunda carta, exploramos las palabras que hablamos. Ahora, con la tercera, estamos trabajando en lo que hacemos: nuestras acciones. Las elecciones diarias que con el tiempo se convierten en hábitos. Espero que el capítulo anterior te haya abierto los ojos a lo serio que es este tema, porque nuestros cerebros están ansiosos por hacer que nuestras decisiones diarias forjen nuestro destino. Y añado esta idea que es muy importante para el estudio de este capítulo: no existe tal cosa como una pequeña decisión.

Cada vez que tomas una decisión, es como si cayera un dominó, y todo el mundo sabe que un dominó hace caer al siguiente. Un físico llamado Hans van Leeuwen descubrió que cada vez que cae un dominó, genera una fuerza dos veces mayor, suficiente para derribar otro dominó. Eso significa que cuando se trata de decisiones, como en el dominó, tenemos una fuerza fenomenalmente poderosa en nuestras manos. Una decisión afecta a la otra, y los efectos de esas decisiones se van a acumular y se hacen más grandes con el tiempo. Esto se conoce con el nombre de *crecimiento exponencial*.

Me encontré con una historia fascinante sobre la invención del ajedrez en la India del siglo sexto. Supuestamente, el inventor que lo trajo al rey para su aprobación encontró que el monarca se enamoró del juego. Para él, esa guerra en miniatura era una batalla de ingenio desafiante y desconcertante, tanto que le encantó. Así es que le dijo al inventor de forma bastante ampulosa que pidiera como recompensa lo que quisiera. Esperaba que el hombre le pediría un talego con oro, propiedades o tal vez un título honorífico.

Pero nada de eso pidió el hombre; lo que hizo fue, con una mano, tomar de un plato que había sobre la mesa un puñado de granos; con la otra, quitó las piezas del tablero de ajedrez. En seguida colocó un grano en un cuadrado y luego dos en el cuadrado siguiente. Y le dijo al rey: «Para mi recompensa, pido

que se me dé granos suficientes para cubrir el tablero de esta manera. El tercer cuadro deberá tener el doble del segundo y así, sucesivamente hasta que se llenen todos los cuadros».

El rey se mostró incrédulo y, sintiendo lástima por el hombre, le ofreció una casa a todo lujo o un caballo pura sangre. Cuando el hombre indicó que todo lo que quería era lo que le había pedido, el rey le dio unas palmaditas en la espalda y le dijo que así se haría.

Cuando el inventor se fue, el rey ordenó a sus siervos que llenaran el tablero con granos como había pedido el inventor y se lo llevaran a su casa. Pero, después de unos cálculos matemáticos, uno de los siervos, tembloroso, le entregó al rey unas notas. En ellas le decía que no había suficiente dinero en todo el reino para cubrir la recompensa ni suficiente grano en toda la India para cubrir el tablero; que si toda la superficie de la tierra estuviera cubierta por una capa de grano, necesitaría el doble para alcanzar la cantidad requerida. ¿Cómo llegó la suma a ser tan grande? Los granos fueron sumándose espacio por espacio, hasta que se produjo el jaque mate.

Otra ilustración es aún más loca: si intentas doblar una hoja de papel por la mitad varias veces, no podrás doblarla más de siete u ocho veces. *MythBusters* demostró que puedes llegar hasta once veces, pero se requeriría una hoja de papel del tamaño de un campo de fútbol, y usar un montacargas y una aplanadora para doblarlo dentro del Centro Espacial Kennedy, así que no estoy seguro de que esto sirva. El récord mundial de dobleces es de doce, logrado por un adolescente que utilizó papel higiénico para el experimento.

Doblar papel también muestra el poder de la acumulación, ya que cada vez que haces un doblez duplicas su grosor. Primero tienes una página, pero después de plegar tienes dos;

un cuarto doblez hace dieciséis páginas, y sigue doblando y doblando y doblando. Si pudieras mantener esta progresión, cuando alcanzaras a los veintitrés dobleces tu pila de páginas tendría un kilómetro de alto.

¿Treinta pliegues? Llegaría a los cien kilómetros, que es el comienzo del espacio exterior.

¿Cuarenta y dos pliegues? A la luna.

¿Cincuenta y uno? Tu pila de papel está ahora *ardiendo*, porque habría alcanzado el sol.

Y si pudieras alcanzar 103 pliegues, la pila que comenzó como una sola hoja de papel mediría 93 mil millones de años luz de punta a punta, extendiéndose a través de los límites del universo conocido.

El hecho de comprender el fenómeno alucinante del crecimiento exponencial tiene la capacidad de cambiar todos los aspectos de tu vida. Es la diferencia entre el diecisiete por ciento de interés sobre 97.700 dólares en deuda de tarjetas de crédito y diecisiete por ciento de interés en esa misma cantidad guardada en una cuenta de pensión 401k (16.609 dólares, en tinta negra o roja). Es la brecha entre comer cien calorías menos y cien calorías más de las que quemas cada día durante un año (una asombrosa diferencia de veinte libras, que es bastante descabellada teniendo en cuenta que cien calorías ni siquiera son la mitad de una barra de *Snickers*). Y eso es solo en un solo año; llevado a cabo durante un período más largo, los resultados varían aún más. En el tiempo que tarda en aparecer y desaparecer una sola década, puedes terminar endeudado enormemente o con un sobrepeso de cien libras y luchando por controlar tu diabetes, o puedes estar sano, tener energía y disfrutar de la prosperidad financiera que te coloca en un lugar para ser de ayuda a otras personas. C. S. Lewis elaboró esta idea en su clásico *Mero cristianismo*:

El bien y el mal aumentan a un interés compuesto. Es por eso que las pequeñas decisiones que tú y yo tomamos todos los días son de una importancia infinita. El acto bueno más pequeño de hoy es un punto estratégico desde el cual, unos meses más tarde, puedes obtener victorias que nunca soñaste. Y la indulgencia aparentemente trivial en la lujuria o la ira hoy en día es la pérdida de una colina, una línea de ferrocarril o una cabeza de puente desde donde el enemigo puede lanzar un ataque que de otro modo sería imposible.

Es fundamental que te tomes en serio las batallas que estás enfrentando. Un disgusto con tus padres que te hace perder el control o lo difícil que te resulta mantener la calma cuando tu hermana te provoca puede parecerte algo sin importancia, pero si no puedes controlar tu temperamento ahora, en el futuro vas a tener problemas cuando pierdas los estribos ante tu jefe, o en tu matrimonio si no puedes controlar tu enojo. Los riesgos se hacen más grandes; los estímulos, no. Si en una ocasión irrumpiste en tu habitación y cerraste la puerta de un portazo, ahora vuelves corriendo a la casa de tus padres o duermes en el sofá de un amigo. En lugar de detener tus ímpetus a tiempo, ahora estás desempleado o ante la posibilidad de un divorcio. La falta de autocontrol ahora prepara el escenario para un futuro en el que tus emociones querrán obtener lo mejor de ti. No te será fácil ganar la guerra cuando crezcas por fuera si nunca la ganaste por dentro.

No existe tal cosa como una pieza de ajedrez irrelevante. La reina parece más importante que los peones, pero lo que haces en las primeras etapas del juego es tan importante como la forma en que manejas las piezas más elegantes una vez que el juego está en pleno desarrollo. Cuanto antes puedas descubrir esto, mejor jugador serás.

Pablo le dijo a Timoteo que no permitiera que otras personas despreciaran su juventud, sino que fuera ejemplo (1 Timoteo 4.12). Podemos ser tan culpables si no nos tomamos en serio las épocas en que éramos jóvenes. Una nota para mis lectores más jóvenes: lo que haces ahora importa. Estás poniendo hábitos en acción mientras estás en la escuela secundaria o en la universidad que te van a doler o ayudar en el camino, especialmente si decides casarte. Volviendo a la metáfora del ajedrez, cuando el rey y la reina —las piezas de ajedrez que forman un matrimonio— entran en juego, o bien reciben ayuda o perjuicio según lo que las otras piezas hicieron antes en el juego. Puede que ahora mismo estés en la etapa de caballo, alfil o torre de tu vida, pero eso importa tanto como lo que hacen el rey y la reina.

Si cada vez que te sientes estresado, aburrido o solo te vas a la Internet para comprar algo en línea, no estás haciendo otra cosa que adormeciendo tus sentimientos con un golpe rápido de felicidad en lugar de enfrentarte a ellos. Las cajas con cosas que has comprado a Amazon se amontonarán en el garaje de tu casa, pero el verdadero problema seguirá estando allí, y con el tiempo, lejos de mejorar, empeorará. Debes aprender a sentir tus sentimientos, a apoyarte en ellos, a diagnosticarlos y luego hacer lo necesario para avanzar a través de ellos. Tratar de alegrarte la vida con actividades sin sentido o con gastos o entretenimientos cuando estás triste se convertirá en un patrón en el que te atrincherarás, y solo te conducirá a un mayor descontento. Si, por el contrario, puedes aprender a apoyarte en el descontento del que estás tentado a medicarte o huir y tratas de comprender qué es lo que lo impulsa, podrás acudir al Señor para que llene ese hueco que te atormenta en lugar de las baratijas y las chucherías de este mundo a lo que, de lo contrario, recurrirías. Descubrirás que la decisión de renunciar a querer silenciar el dolor con múscia de iTunes o algo hecho de cachemira era en realidad la voz de Jesús hablándote para que, en lugar de eso, acudas a él. Estar inquieto e insatisfecho es un don porque es en esos momentos cuando podemos encontrar en Jesús lo que verdaderamente necesitamos. Silenciar esa incomodidad con comida o con la entrega rápida de algún artefacto electrónico es más un castigo que una recompensa.

He descubierto que cuando me siento mal, por lo general se debe a algo que tiene muy poco que ver con la forma en que el problema se manifiesta. El mal humor hacia alguien en el trabajo o hacia Jennie o los niños es causado por algo más profundo que lo que está sucediendo en ese momento. Nunca se explica solo por el modo en que se manifiesta. Cuando todo lo que puedo ver son las fallas de los demás, es porque proyecté mis fallas en el comportamiento como una armadura para evadir el trato con lo que realmente necesito enfrentar en mi corazón.

De hecho, en el espacio de tiempo que me ha llevado escribir este capítulo, tuve tres situaciones que fueron frustrantes y perturbadoras. De lo que me di cuenta fue que estaba ansioso por terminar este libro a tiempo y, en lugar de lidiar con eso, estaba arremetiendo contra los que me rodean sin preocuparme de ser amable y gentil con ellos, que es lo que se merecen. Es el inconveniente de escribir un libro que te dice cómo enfrentarte a tus demonios. En cuanto a mí, no me queda más remedio que enfrentarme a los míos.

Fijar los hábitos es más fácil de lo que piensas. Afortunadamente, eso es cierto no solo para lo malo, sino también para lo bueno. La gente habla de formar hábitos como si eso fuera algo malo, pero es malo si estás haciendo los movimientos *incorrectos*. Elegir ser vulnerable y abrirte cuando sientas que debes cerrar, comenzar con Dios cuando tengas ganas de entrar de una vez en las actividades del día, escuchar y callar cuando tengas ganas de hablar, pensar cuando tengas ganas de actuar y tomarte el tiempo para ponerte en los zapatos del otro y ver la situación a través de sus ojos cuando ya crees estar seguro de que conoces toda la historia, son hábitos que también pueden quedar grabados en tu memoria muscular. Con el bien y el mal puedes obtener un interés compuesto.

Un viejo proverbio dice que el mejor momento para plantar un árbol es hace veinte años, pero el segundo mejor momento es ahora. Hubiera sido genial si tus padres te hubieran enseñado cómo procesar tus emociones de una manera saludable. Lo ideal es que nunca hubieras sido asaltado sexualmente por el amigo de tu hermano, que nunca hubieras llevado la vergüenza y el trauma que te hicieron usar máscaras. En un mundo perfecto, no tendrías quince años para hacer una rabieta cuando salirte con la tuya no se quedó grabada en tu cerebro. Yo desearía poder recuperar las miles de veces que dije cosas sin pensar en las consecuencias, o una respuesta que quedó enredada en mis reflejos de un pliegue de un papel a la vez. No podemos retroceder y cambiar el pasado, pero lo que sí podemos hacer es plantar un nuevo árbol de buen comportamiento en este momento. Dentro de veinte años estaremos contentos de haberlo hecho.

El momento adecuado para hacer las cosas bien es ahora. Cada segundo que te detengas es tiempo en que el crecimiento exponencial podría estar ejecutando su lenta magia.

Si decides retrasar hasta mañana lo que deberías hacer hoy, estarás perdiendo la oportunidad de potenciar los sencillos comienzos necesarios para otras preciosas veinticuatro horas.

No hay un momento que perder. Se entra y se sale de las cosas de la misma manera: paso por paso.

ACCIONA EL INTERRUPTOR

No es llegar a la línea de meta la parte más difícil de cualquier viaje o empresa; es presentarte en la línea de partida. El temor a comenzar es insoportable. El transbordador espacial usa más combustible para despegar que en el resto del vuelo. La parte más difícil es despegar.

Me demoré en comenzar a escribir este libro. Durante meses, lo pensé y lo pensé y seguí diciéndome a mí mismo que iba a comenzar, pero el miedo se apoderó de mí hasta la desesperación. Fue lo mismo que me ocurrió con *Through the Eyes of a Lion* y *Swipe Right*. Pero una vez que comencé a escribir, sucedió algo increíble: gané impulso. Creo que tendrás la misma experiencia cuando decidas comenzar a tirar tus cartas sobre la mesa y declares tu propia guerra.

El legendario entrenador de fútbol Vince Lombardi describió de esta manera lo que estoy diciendo: «Tú puedes ser tan bueno como quieras serlo. Si crees en ti mismo y tienes el valor, la determinación, la dedicación, el impulso competitivo, y si estás dispuesto a sacrificar las pequeñas cosas de la vida y pagar el precio por las que valen la pena, lo lograrás». También dijo: «Una vez que te hayas comprometido con una forma de vida, pones la mayor fuerza del mundo detrás de ti. Es lo que llamamos poder del corazón. Una vez que hayas hecho ese compromiso, nada te impedirá alcanzar el éxito». Finalmente dijo, con cierto sarcasmo: «Mientras más trabajes, más difícil será que te rindas».

En realidad, esto es simple física. A menos que intervenga una fuerza externa, los objetos en reposo permanecen en reposo y los objetos en movimiento permanecen en movimiento. Al menos ese es mi recuerdo del brillante descubrimiento de Sir Isaac Newton cuando lo articuló en la primera ley del movimiento. La parte más difícil es interrumpir la inercia. Una vez que pones en marcha un nuevo hábito, sentirás el viento en tu espalda. No estoy minimizando lo dura de vencer que es la inercia; solo quiero asegurarte que, como lo descubrió Teddy Roosevelt, hay una recompensa esperándote al otro lado de la alambrada: el lobo se despertará.

No debes pensar demasiado en la decisión o terminarás disuadiéndote de lo que necesitas hacer. El análisis exagerado conduce a la parálisis. Yo, finalmente, me cansé de esperar el momento en que me sintiera listo para comenzar a escribir, así es que, simplemente, eché a andar. Bernard Roth describe esta acción como activar un interruptor interno:

> Cada vez que alguien hace un cambio importante, es porque se ha activado un interruptor. Alguien que ha luchado toda su vida con su peso finalmente decide ponerse en forma. Alguien que ha aguantado a un jefe abusivo durante años finalmente tiene suficiente y se va. Alguien que ha albergado un enamoramiento secreto finalmente se atreve e invita a su amada a un café. Ha ocurrido un cambio que ha hecho que la acción sea favorable a la inacción.

Cuando hayas repetido suficientes veces una acción, se convertirá en una nueva normalidad. Los objetos en movimiento tienden a mantenerse en movimiento. Como señaló el brillante investigador Charles Duhigg, los hábitos que ya hemos encerrado en su lugar no se pueden eliminar, pero se pueden sobrescribir. Una vez creado, un archivo siempre estará allí, pero lo que sucede cuando se activa es que puede ser modificado. Duhigg lo demuestra al explicar que un hábito es esencialmente un ciclo compuesto por una *señal*, una *rutina* y una *recompensa*. En su libro *El poder de los hábitos*, afirma: «Si puedes descomponer un hábito en sus componentes, puedes jugar con los engranajes... Casi cualquier comportamiento puede transformarse si la señal y la recompensa siguen siendo las mismas».

La única diferencia entre una soga y un lazo es en qué extremo de la cuerda estás. Cuando cambias la *rutina* —la parte media del hábito— de tus malos hábitos, puedes cambiar tu vida, transformando lo que te está haciendo daño en armas que pueden ayudarte a destruir tu alter ego y acercarte más a lo que quieres ser.

Las primeras veces —y quién sabe si incluso las primeras mil veces—, responder a la vieja señal de una nueva manera no resultará fácil. Revelación completa: puede sentirse insoportable. Pero hazlo el tiempo suficiente y solo te sentirás un poco incómodo. Sigue haciéndolo y te sentirás imparable. Cuando te comprometas con el proceso, te sentirás como David cuando exclamó: «Con tu apoyo me lanzaré contra un ejército; contigo, Dios mío, podré asaltar murallas» (Salmos 18.29).

El viaje de un millón de kilómetros tiene que comenzar en algún lugar, y ese «en algún lugar» está donde des el primer paso creyendo que la providencia te respaldará.

EL JUEGO ANTES DEL JUEGO

Todos los hombres son creados iguales, solo que
algunos trabajan más en la pretemporada.

—EMMITT SMITH, REPRESENTANTE COMERCIAL DE REEBOOK

demás de todas las muchas buenas decisiones que necesitas repetir constantemente en tu vida (dar el diezmo,
usar el hilo dental, mantenerte en buena forma física, comer
bien, gastar menos de lo que ganas, etc.), lo que voy a decirte
en este capítulo ha sido el mayor elemento de cambio para mí:
el concepto de preparación intensa para que puedas disfrutar
sin esfuerzo de la verdadera competición. Voy a darte algunas
sugerencias muy sencillas que te ayudarán a obtener lo mejor de
la vida. Estas mismas cosas que te ayudarán a superar situaciones de alto riesgo podrán ayudarte cuando te estés deslizando.
Pero primero, una historia.

En una de mis más importantes alocuciones en público, me
oriné en los pantalones momentos antes de subir al estrado.
Como para sentirme orgulloso, sin duda.

Supe que eso ocurriría en cinco minutos; sin embargo, con
todo lo que estaba pasando por mi cabeza, no me di cuenta sino

hasta que fue demasiado tarde que no estaría tranquilo mientras hablaba si no iba al baño. Era complicado, pero decidí ir. Desconecté mi micrófono del equipo general al que estaba adosado y me dirigí al baño que estaba a unos cincuenta metros. Lo último que faltaba, pensé, era que el micrófono hubiera quedado activado por lo que miles de personas podrían oír lo que yo haría en el baño.

Entre tratar de mantener mi mente concentrada en el mensaje que tendría que predicar, sentir cómo corrían velozmente los segundos, oír el tic tac del reloj decirme que tendría que estar en la plataforma cuando la canción que estaba escuchando terminara y mis esfuerzos por manejar la logística del proceso, todo me salió mal. El peso de la cajita del micrófono se enganchó en mi cinturón cuando estaba a medio camino. Al tratar de sujetar el cinturón para evitar que arrastrara todo al piso y desenredar el equipo del micrófono con el cable serpenteando por mi camisa, perdí el control de la situación. De diez mil posibilidades de orinar, 9.999 veces es un proceso sencillo pero esta vez para mí, hacerlo fue una aventura singular.

(En este punto hay que dejar constancia de que las mujeres tienen mil veces más complicaciones que los hombres cuando se trata de ir al baño, pues para nosotros es más sencillo pararnos ante el orinal, a menos que estemos usando mameluco. Mi más profundo respeto va a todos los que tienen que sentarse, especialmente en los lugares poco aseados. Esta expresión de simpatía hacia esas personas no es un simple decir. Como padre de cuatro hijas, he tenido que sostener, desde Luisiana hasta Londres, cuerpos pequeños y difíciles de manejar mientras veinte centímetros por encima de los inodoros tratan de completar el incómodo ritual; incluso, después de poner fundas para los asientos o trece capas de papel higiénico para evitar el contacto delicado con superficies repugnantes).

De todos modos, la situación que estaba viviendo era un desastre. Para cuando recuperé el control, agarré la cajita del micrófono pero me mojé los pantalones. No cualquiera puede darse el lujo de ir al baño a orinar y terminar orinándose en los pantalones. ¿Qué puedo decir? Parece ser mi don.

Por dicha, mis pantalones eran de color oscuro por lo cual pocos se darían cuenta de que estaban mojados. (Por lo menos era lo que yo esperaba). De todos modos, traté desesperadamente de secarlos lo mejor que pude con los recursos que tenía a mano. Después de darle palmadas con una toalla de papel, me di cuenta de que se me había acabado el tiempo. Así que corrí de vuelta a mi asiento, agarré mi Biblia y me dispuse a esperar, pero en ese momento la alabanza concluyó y tuve que subir a la plataforma a ocupar mi lugar tras el púlpito.

La gente me pregunta cómo hice para mantener el control sobre mí mismo al tiempo que me dirigía a una audiencia de miles de personas. A menudo pienso en eso cuando me hacen la pregunta y creo que ese día la gente solo vio lo que estaba en el centro de su atención. El único que sabía que el tipo bajo los focos tenía los pantalones mojados era yo.

Me ha tranquilizado un poco haber descubierto que yo no he sido el único que ha tenido que enfrentar un gran reto con la vejiga llena. El 5 de mayo de 1961, Alan Shepherd piloteó el primer vuelo espacial estadounidense tripulado en la historia. Como el primer astronauta del Mercury 7 elegido para seguir los pasos de los chimpancés lanzados por la NASA, instantáneamente se convirtió en una de las personas más famosas de la nación y recibió las felicitaciones a lo largo y ancho de Estados Unidos, algo así como lo que ocurrió con David cuando derrotó al gigante Goliat enfrentándolo él solo en lo que parecía un combate desigual. Pero en medio de su gran día, Shepherd vivió su propio incidente del baño en una forma muy poco ceremoniosa. Se suponía que el vuelo duraría solo quince minutos, por lo que nadie pensó en agregar un receptáculo de orina al traje de vuelo. Después que fue atado a la pequeña cápsula, hubo demoras debido al clima y a un inversor de energía que se sobrecalentó, por lo que Shepherd tuvo que permanecer acostado de espaldas y mirando al cielo durante cuatro horas sin poder hacer nada con respecto a la crisis que se estaba produciendo y aumentando poco a poco en su vejiga.

En nuestros días, los lanzamientos de cohetes ni siquiera son noticia. *Oh, ¿lo hicieron de nuevo? Bostezo. Tuitéame cuando Matt Damon descienda en Marte.* Pero aquel día, la televisión estaba en vivo y en directo de costa a costa, dándole cobertura a la noticia. Escenas ininterrumpidas mostraban el cohete Redstone asentado en la plataforma de lanzamiento mientras los espectadores con ojos brillantes miraban hechizados. La mitad de los periódicos en Estados Unidos tenían reporteros en la casa de Shepherd, estropeando el césped de su jardín y estirando el cuello para ver a su familia siguiendo el lanzamiento en la televisión. Los patrulleros de la carretera informaron que los conductores de todo el país se habían detenido en los arcenes de las autopistas y los bulevares porque estaban tan emocionados que no podían conducir mientras escuchaban el lanzamiento en vivo por la radio AM. El país estaba fuera de sí mientras se preguntaban colectivamente: *¿Qué estará pasando por la mente de este hombre mientras permanece allí anclado en su escondite dentro de una bala de ocho pisos de altura montada sobre un cohete de treinta mil kilogramos esperando ser disparado rumbo a los cielos?* A decir verdad, en todo en lo que Alan Shepherd estaba pensando era en que ya no podía soportar las ganas de orinar.

Aguantó todo lo que pudo sin comunicarle su problema al personal de control de la misión. No quería que por su culpa el lanzamiento se retrasara aún más. Ya se había complicado debido a las condiciones climatológicas, por lo que rechazó la idea de ser el astronauta que no había podido ir al espacio por una emergencia urinaria.

Cuando ya no pudo más, llamó a la torre de control y pidió permiso para orinarse en el traje. El personal al mando analizó la situación. La mayor preocupación era que la presencia repentina de líquido dentro del traje podría causar un mal funcionamiento de los sistemas de monitoreo de su traje y su sistema de enfriamiento.

El libro *The Right Stuff* [Los astronautas perfectos] describe el momento en que, al fin, recibe el permiso:

Finalmente le dijeron que siguiera adelante y que «se hiciera en el traje». Y así lo hizo. Debido a que el asiento, o sofá, estaba ligeramente inclinado hacia atrás, la inundación se dirigió hacia el norte, hacia su cabeza, llevando consternación con ella. La inundación activó un termómetro del traje, y el flujo de freón saltó de treinta a cuarenta y cinco. La inundación avanzó hasta que llegó a su sensor del pecho, instalado allí para que informara sobre su electrocardiograma, activándolo parcialmente; los doctores no sabían cómo interpretar las señales... la ola de orina siguió avanzando hasta que finalmente formó una poza en medio de la espalda de Shephard.

Cuando el ya célebre Alan Shepherd regresó a la Tierra, fue recibido por el presidente y la primera dama. Disfrutó de un desfile de serpentinas y papelillo en la ciudad de Nueva York y tragos gratis en los bares a los que concurrió en los años siguientes. Cientos de periodistas lo entrevistaron, preguntándole sobre su experiencia y él, ante cada pregunta, sonreía y hablaba de la nueva era abierta por los viajes espaciales y el honor de cumplir con su deber en un país comprometido con la exploración espacial. No lo sé con certeza, pero puedo decir que estoy seguro de que parte de su risa y sus gestos se originaban en el hecho de que mientras surcaba los cielos impulsado por miles de kilogramos de oxígeno líquido en combustión, lo hacía empapado en su propia orina.

¿Te das cuenta por qué es peligroso apresurarse a juzgar una situación basado en una información limitada? La gente a menudo asume que alguien que se gana la vida hablando a multitudes debe mantener una batalla permanente con su ego, cuando en realidad podría estar librando una lucha muy diferente de la que no sabes nada. No digo que la pregunta «¿Cómo haces para mantenerte humilde?» no sea importante. Hay que reconocer que el orgullo es siniestro y mortal. Es el pecado que provocó la caída de Satanás (Isaías 14.12-17) y consecuentemente, fue responsable de todo lo que vino después. Si algo rasga el cielo y da comienzo al infierno, creo que es algo a lo que debe tenérsele miedo. Sin embargo, la pregunta presupone que la reacción automática a cualquier tipo de atención pública va a ser pensamientos de autoexaltación.

Creo que he encontrado exactamente lo contrario a eso. El primer pensamiento que ha pasado por mi cabeza cuando Dios ha hecho algo grande a través de mi vida, ha sido: *¿Quién soy yo para que me use de esta manera?* Yo me conozco. La mayor parte de mi vida transcurre fuera de un púlpito. Aun si estuviera predicando todos los días, lo que incluso en las temporadas

LA MAYOR PARTE DE NUESTRAS VIDAS ESTÁ HECHA DE OPORTUNIDADES SIN MAYOR ATRACTIVO, POCO ESPECTACULARES COMO PARA MANTENER NUESTROS OJOS EN JESÚS.

más ocupadas no pensaría en programar, todavía tendría veintitrés horas cada día *sin* pararme detrás de un micrófono.

No importa lo que Dios haga por cualquiera de nosotros,
la mayor parte de nuestras vidas está hecha de oportunidades
sin mayor atractivo, poco espectaculares como para mantener
nuestros ojos en Jesús (o no), lidiar con pensamientos y preocupaciones ansiosos (o no) y mostrar perseverancia y pasión (o
no) en las trincheras de la vida cotidiana. De eso es de lo que
quiero hablar en este capítulo, no de lo que sucede en la cancha
o en el estadio, donde las cámaras están grabando y la multitud
está animando, sino qué te ocurre durante el viaje al estadio,
qué pasa por tu cabeza mientras estás en el vestuario, o cómo
te sientes a las cuatro de la mañana cuando suena tu alarma y
más que nada en el mundo quisieras seguir durmiendo. Quiero
hablarte del juego antes del juego.

Si observas a alguien que destaca en su profesión, oficio o
actividad y está haciendo algo que parece imposible, trátese de
un patinador artístico, un rapero de estilo libre o un escultor
de hielo, y lo ves actuar durante cinco minutos, acuérdate que
probablemente estés mirando miles de horas de trabajo tras
cada uno de esos minutos deslumbrantes. El trabajo previo les
da éxito cuando las cámaras están rodando y los ositos de
peluche son arrojados a la pista de hielo.

Hace veinte años, me ofrecí para poner sillas para que otra
persona pudiera predicar. Hace quince años, dedicaba exactamente la misma cantidad de trabajo que ahora para preparar mensajes para un grupo de estudiantes de secundaria.
Recuerdo que en Fresh Life la concurrencia era de solo unas
pocas docenas de personas, pero yo agonizaba preparando mis
sermones. Pasaba las horas de la madrugada y las últimas horas
de la noche asegurándome de que fueran perfectos. La cantidad

de personas que ahora me escuchan podría haber cambiado, pero lo que estoy diciendo y por qué lo digo, no.

Mientras limpiamos un armario en nuestra casa, Jennie y yo nos topamos con una colección de antiguas notas de mis sermones desde que comencé a predicar. Cada uno tenía miles de palabras, primero escritas a mano, luego mecanografiadas y ajustadas con lápiz en los últimos minutos. En los primeros días, yo caminaba de un lado a otro, grababa el mensaje en una pequeña grabadora portátil y lo reproducía para escuchar cómo sonaría. Si no me gustaba, comenzaba de nuevo. Actualmente no grabo el sermón por adelantado, pero el proceso de preparación todavía tiene varios pasos, incluido el escribir a mano el mensaje impreso de las notas mecanografiadas para poder memorizar lo que voy a decir.

Al mirar esos viejos materiales, me transporté de vuelta dieciséis años en el tiempo hasta los días en que me enfermaba físicamente antes de subir al escenario como Marshall Bruce Mathers III, el famoso rapero conocido profesionalmente como Eminem, vomitando en el baño del club antes de su primera batalla de hip-hop en *8 Mile*. No era por los espaguetis de mi madre (nunca podría predicar con algo tan pesado y rico en mi estómago), pero durante un año más o menos, casi *siempre* me daba arcadas antes de hablar.

En aquellos días, me torturaba el proceso de preparación de mis mensajes. Me ponía a temblar, me mareaba y me aterrorizaba con solo pensar que podría quedarme en blanco al tratar de recordar los puntos clave de mis sermones. A veces, especialmente antes de un compromiso importante, la ansiedad se hace presente unas veinticuatro horas antes. Una vez me pidieron que hablara en un concierto en un parque de diversiones donde habría escuchándome unas mil personas. Aquel compromiso me aterrorizó de tal manera que la noche antes me despertaba a cada rato con miedo y sudando.

Por lo general, en tales circunstancias, me sentía mejor después de vomitar. Nunca podía disponer de un lugar privado para relajarme, así que recurriría a lo que encontrara a mano: un callejón detrás del edificio, un baño público, un armario, lo que fuera que estuviera a mi alcance. Y, curiosamente, siempre me sentí bien en el momento en que subía a la plataforma. Todo el nerviosismo se disipaba, y me sentía como un pato en el agua, haciendo lo que era natural para mí. Sin embargo, llegar hasta ese punto era una verdadera agonía.

He aquí la clave: el puente entre toda esa práctica y el rendimiento es la rutina previa. Si no estás familiarizado con los deportes, quizás te imagines los vestuarios como unos lugares malolientes donde los jugadores se cambian de vestimenta. Nada de eso. El vestuario es un espacio sagrado donde el guerrero se prepara. Lo mismo es cierto en casi todos los esfuerzos. La guerra hay que ganarla adentro antes de poder ganarla afuera.

DESARROLLA TUS AGALLAS

Se han realizado estudios sobre qué tipo de persona logra entrar en los cuerpos especiales SEAL —de la Marina de Estados Unidos— a través de un entrenamiento llamado Hell Week. Y la conclusión ha sido que no son los mejores atletas, sino los que tienen «agallas». En la jerga SEAL tener «agallas» significa ser tenaz mentalmente. Porque los límites físicos en realidad están determinados por los mentales.

Nada me ha ayudado a hacer lo que hago mejor que aprender a desarrollar mis agallas —la fortaleza mental del espíritu que proviene de atravesar el cerco de alambre de púas una y otra vez— de modo que puedo avanzar hacia la mejor versión de mí mismo en el púlpito, en mi casa y en la oficina. Al reflexionar en la versión de veinte años atrás de mí mismo vomitando en un callejón de un parque de diversiones, veo que estaba haciendo muchas cosas que eran contraproducentes. Estaba intensificando mi nerviosismo, echando leña al fuego de mi miedo y haciéndome *más* susceptible a que mis nervios me controlaran en lugar de abrazar los poderosos sentimientos y ponerle una silla de montar a la energía para poder cabalgarla. Sentir mariposas en el estómago no es el fin del mundo. Haz esto: ¡pon a esas mariposas en formación para que vuelen en la dirección correcta!

A continuación encontrarás algunos consejos que, de seguirlos, te ayudarán a desarrollar tus agallas y te prepararán para lo que tengas por delante. Estos principios no solo ayudan a hablar en público; también te ayudarán en una entrevista de trabajo, en un partido de fútbol, en un recital de piano, en una presentación de ventas y en cualquiera otra ocasión en la que te sientas ansioso.

1. RESPIRA PROFUNDAMENTE

¿Sabías que el veinte por ciento de todo el oxígeno que respiras va directamente al cerebro? La prioridad de tu cuerpo es mantenerte con vida, por eso siempre va a desviar la mayor parte del oxígeno que le entra a las funciones vitales. Los procesos analíticos y emocionales siempre tomarán lugar detrás de otras cosas. Por tanto, si respiras superficialmente, el resultado será pérdida de memoria, pérdida de enfoque y pérdida de fuerza para superar tu estado de ánimo. Además de una mayor sensación de ansiedad y depresión. La respiración poco profunda es terrible para ti.

Por supuesto, cuanto más nervioso te sientas, más tentado estarás a hacer respiraciones poco profundas; sin embargo, es en esas circunstancias en que necesitas respirar hondo.

Usar tu mente de manera correcta se vuelve cada vez más desafiante a medida que tu corazón late más rápido. En su libro *10-Minute Toughness: The Mental Training Program for the Winning Before the Game Begins* [10 minutos de tenacidad: Programa mental de entrenamiento para el triunfador antes que comience el juego], Jason Selk explica que cuando el corazón está latiendo a unos ciento veinte latidos por minuto, la persona se siente casi normal pero a los ciento cincuenta, la mente prácticamente se cierra. Y a medida que la presión aumenta, se siente más tentado a respirar más rápido y menos profundo, pero es aquí cuando se necesita oxígeno como nunca antes. A veces, cuando estoy memorizando algo, practico decirlo en voz alta mientras hago saltos o elevo las rodillas para ver si todavía puedo recitarlo con mi ritmo cardíaco acelerado.

Desde hace algunos años he estado practicando la respiración profunda porque, inevitablemente, esto es lo que sucede: El organizador del programa me va a decir: «Oye, dispusiste de cuarenta y cinco minutos, pero alguien se alargó así es que ahora tendrás solo veinticinco». Lo que me hace pensar: *¿Qué le corto a mi mensaje?*

Y el organizador sigue diciendo: «Y asegúrate de que al final digas... y hagas lo que hagas, no digas eso...». Y yo digo: *Uf.*

Luego recibiré un mensaje de texto, en ese momento, tal vez algo de alguien de nuestro personal. «Fulano de tal renunció» o «Nos están demandando» o «El techo del edificio tiene fugas y costará treinta mil arreglarlo» o «El estimado de costos de la construcción fue incorrecto y los trabajos se retrasan».

Y en medio de todo eso, ¿se supone que tengo que hablar? Me siento nervioso y mi pulso se acelera. A menudo incluso aguanto la respiración. Aunque es contra la intuición, de inmediato hago una respiración grande, profunda y muy lenta. Mientras menos tenga ganas de hacerlo, más sé que la necesito. He intentado diversos modos pero creo que la fórmula de quince segundos —6-2-7— es la mejor: seis segundos para respirar; dos para retener la respiración y siete para expeler el aire. Si la respiración no hace que tu estómago se abulte, no estás respirando muy profundo.

Mi entrenador de boxeo me hace hacer lo mismo cuando estamos trabajando en acondicionamiento. Después de un minuto de ejercicio intenso o treinta segundos de golpear la bolsa lo más rápido que pueda y tantas veces como sea posible, mi corazón parece que se me quisiera salir por la boca. Debido a que mi instinto es hacer coincidir el ritmo de mi respiración con el de mis latidos, mi entrenador siempre me recuerda que haga respiraciones profundas y lentas. Porque esas respiraciones profundas y lentas son las que necesito a pesar de cómo me sienta.

Cuando me parece que voy a perder el control momentos antes de subir al púlpito, respiro profundo y siento que me calmo. Me imagino todo el oxígeno que está inundando mi cerebro y vuelvo a la vida.

La respiración profunda también es beneficiosa cuando sientas que te enojas en una reunión o estás empezando a entrar en una discusión acalorada con tu cónyuge. Si respiras profundo no podrás decir algo de lo cual más tarde tengas que arrepentirte.

2. PIENSA EN TU POSTURA

Si no has visto la charla TED de Amy Cuddy titulada «Tu lenguaje corporal puede modelar lo que eres», deberías buscarla para verla y escucharla. Es una de las charlas TED más vistas de todos los tiempos en Estados Unidos, y fue tan viral que el contenido se convirtió en un libro *best seller* del *New York Times*. Probablemente sepas que gran parte de lo que les comunicas a los demás cuando hablas procede de manera no verbal. Pero Amy muestra convincentemente cuánto impacto tiene tu lenguaje corporal en ti. Por lo general, la energía nerviosa hace que te encorves, contraigas la barbilla, pongas tus manos en el cuello, o cruces los brazos. Todo eso genera más nerviosismo debido a la liberación de cortisol (estrés) en tu sistema.

Sin embargo, poner las manos en las caderas como la Mujer Maravilla, o alzarlas en el aire, es un signo universal de victoria y celebración. (Imagínate a un jugador de fútbol que acaba de convertir un gol o un estudiante que ha aprobado un examen). Cuando tal cosa ocurre, el cuerpo libera testosterona y sus niveles de cortisol caen hasta en un veinticinco por ciento. Esto puede suceder en tan solo ciento veinte segundos.

Quedé conmocionado cuando vi el video de Amy Cuddy. Lo primero en que pensé fue en el libro de los Salmos. Libro que está lleno de mandatos para alabar a Dios con las manos en alto y la cabeza erguida. No vas a encontrar un salmo que te diga que te metas en una burbuja y le cantes mansamente a Dios con las manos en los bolsillos. Salmos te invita a gritar con voz de júbilo. ¿No será que parte de la razón sea que Dios quiere que grites y cantes triunfalmente con tus brazos en alto no solo porque así estarás exaltándolo ante el mundo, sino por lo que ocurre cuando lo obedeces? Él te da los sentimientos para que coincidan con lo que sale de tus labios y formen un todo con tu cuerpo. Tampoco es un error que las canciones promedio duren entre tres y cinco minutos, por lo que cantar con las manos en alto te mantendrá en esa posición más de los dos minutos necesarios.

Esa es una de las muchas razones por las que no me encontrarás detrás del escenario durante el culto antes de predicar como lo hacía en mis primeros días. Necesito tiempo para adorar a través de la canción más de unos cuantos minutos extra que necesito para estudiar. Tú no puedes ser un lobo si no alzas la voz y aúllas. Y aparte de los beneficios espirituales, es una oportunidad natural para cambiar de la postura tímida de preparación nerviosa a una postura dominante de victoria y fortaleza.

3. TUS EXPRESIONES FACIALES CUENTAN

¿Cómo luce tu rostro mientras lees esto? ¿Está tu ceño fruncido por la concentración? Cuando Jennie me ve concentrado en mis pensamientos mientras leo mensajes de correo electrónico que ella supone que me molestan, a menudo alisa la piel entre mis ojos justo sobre el puente de mi nariz. Frota el pliegue con el pulgar y me sonríe como para decir: *Relájate, amigo*. Con eso, ella está dando buenos consejos, en términos de qué tipo de reacción irradias y qué recibirás en respuesta.

Los investigadores han descubierto que las personas responden de acuerdo con las expresiones faciales con que se encuentran. Una sonrisa se encuentra con una sonrisa y un ceño fruncido con otro ceño fruncido. Esta réplica ocurre en forma inconsciente. Instintivamente reflejamos lo que vemos. Si quieres que la gente que te rodea se alegre, hay algo que puedes hacer al respecto. Ver a alguien con expresiones faciales de miedo, enojo, tristeza o disgusto provoca un aumento del ritmo cardíaco, eleva la temperatura de la piel y puede provocar sudoración. Definitivamente, la expresión de tu rostro va a tener un impacto en quienes te rodean, para bien o para mal.

Tu rostro también afecta tu propio estado de ánimo. Producir una gran sonrisa al punto que tus mejillas parezcan que van a estallar hace que tu mente sienta la emoción que tienes en tu rostro.

En un estudio en Francia, los investigadores trabajaron con dos grupos de personas. Los pusieron a leer las tiras cómicas de algunos periódicos. Un grupo lo hizo en forma normal, en tanto que a otro grupo lo hicieron leer las mismas tiras cómicas pero sujetando un lápiz atravesado entre los dientes. (Sujetar el lápiz de esta manera activa los mismos músculos de las mejillas que se usan para crear una amplia sonrisa). Cuando después de la prueba se los entrevistó, los que leyeron las tiras cómicas mientras sonreían con el lápiz en la boca, encontraron que las caricaturas eran mucho más graciosas, y les fue mejor que el grupo sin los lápices en la boca.

Tu cuerpo no sabe por qué sonríes o te comportas como un boxeador a punto de subir al cuadrilátero y aguantar más doce asaltos; simplemente siente que eres tú y responde apropiadamente. Puede que te parezca gracioso meterte en un baño antes de una gran reunión para levantar las manos durante un par de minutos mientras dices una oración y piensas en lo que vas a decir. Pero eso es mucho mejor que sentarte en tu escritorio retorciéndote las manos. Cuando el estrés sea absorbido por la confianza, te sentirás mucho mejor y te alegrarás de haberlo hecho.

Escucho tus objeciones: *No puedo mostrar ese tipo de celo si no lo siento, porque eso no sería auténtico.* Permíteme advertirte que es por este tipo de pensamiento que tantos matrimonios se desmoronan y por qué tanta gente nunca experimenta

NO PODRÁS **ALZARTE** COMO UN **LEÓN** — SI NO TE — **ARRODILLAS PRIMERO** — COMO UN — **CORDERO.**

el avance que Dios tiene para ellos. Las personas que hacen lo correcto solo cuando sienten nunca entran en la vida victoriosa. La adoración no es un sentimiento expresado a través de acciones; es un acto de obediencia que, una vez expresado, a menudo conduce a sentimientos. En pocas palabras, lo haces porque es lo correcto. Y en la gracia de Dios, muchas veces las emociones siguen tu ejemplo.

Nunca predicaré sin hacer un ritual importante. Me arrodillo en oración y admito mis debilidades para poder entrar en la fortaleza de Cristo. Tú no podrás alzarte como un león si no te arrodillas primero como un cordero. También hay oraciones muy específicas que oro y palabras que digo sobre mí mismo.

En el último momento antes de subir al púlpito, siempre digo lo siguiente:

Soy un hijo del rey.

Tengo el espíritu que resucitó a Cristo de entre los muertos.

Puedo hacer todas las cosas a través de Cristo que me da fuerza.

Soy tan valiente como un león.

Obligar a que estas palabras salgan de mi boca, ya sea que las sienta en el momento o no, me hace dar un paso adelante en lo que es verdad acerca de mí. Me pone en el estado de ánimo en el que no estoy tratando de impresionar a los demás, sino que soy enviado por Dios para ser de bendición. Una mentalidad en la que estoy tratando de dar un regalo, no de recibir uno. Esto me aleja de buscar la validación al recordarme que ya estoy valorado. Tú no necesitas ganar lo que ya tienes. Confirmar mi identidad me da fuerzas para la actividad del día.

Si toda esta preparación te parece exagerada, ten en cuenta que el beneficio de aumentar deliberadamente la intensidad antes de que comience el juego es una disminución de la presión una vez que lo haces. ¿Recuerdas a Alan Shepherd? Una cosa fascinante que dijo sobre ese vuelo inaugural fue lo decepcionante que fue. Todos habían trabajado duro para prepararlo para los rigores del lanzamiento —completó ciento vuelos de prueba—preparándolo involuntariamente *en exceso*. Se mantuvo esperando que se volviera loco, pero fue decepcionante en comparación con lo que había hecho en preparación. Los ingenieros habían puesto más capacidad de generación de fuerza G en la centrífuga en la que se había entrenado que la que generaba el cohete mismo. Los parlantes que pusieron junto a su cabeza con grabaciones de motores de cohetes funcionando producían mucho más ruido que lo que experimentó estando encerrado en una cápsula sellada que amortiguaba los sonidos externos. Dijo que su ventilador de refrigeración era uno de los ruidos más fuertes que había escuchado.

Somos tentados a eludir la práctica y a trabajar cuando haya llegado el tiempo del juego: *Trabajaré duro para preparar un mensaje cuando el estudio bíblico no sea solo para un pequeño grupo de jóvenes. Voy a memorizar los himnos en lugar de leer la música en un atril cuando dirija la adoración en una iglesia más grande. Me apuraré cuando me asciendan y tenga más responsabilidades. Escribiré un libro cuando reciba una buena oferta.*

Lo que Shepherd descubrió fue que cuanto más estrés se aplique a tu entrenamiento, menos estresado te sentirás cuando llegue el momento de brillar. La victoria pública viene de la disciplina privada. Si no estás dispuesto a sacrificar lo más preciado, Dios no va a subir el volumen en tu vida. Él no va a llevar a escenarios más grandes lo que no se ha trabajado en casa.

Cuando mi editora leyó este capítulo, me recordó a Tessa Virtue y Scott Moir, dos bailarines olímpicos sobre hielo que siempre se abrazan antes de actuar para que coincidan con sus respiraciones y latidos, y establecer una conexión entre ellos. Eso es hermoso. Y es por esa misma razón que no debes apresurarte a ir a clases o a trabajar sin antes pasar unos momentos hablando y escuchando a Dios. Ese «abrazo» te permitirá unir tu corazón con el suyo.

No importa lo que tengas enfrente de ti hoy, ya sea un estadio lleno de gente frente a la que estés actuando, instalado en un cohete que te llevará a Marte, un aula de estudiantes donde estás dictando una clase o un bebé al que estás criando, esto es cierto: no estarás listo para enfrentar el juego mientras no le pongas la mejor cara.

ᴺUNGA PONGAS A UN GABALLO A PELEAR GONTRA UN TANQUE

*Cuando venga el Espíritu Santo sobre
ustedes, recibirán poder y serán mis testigos
tanto en Jerusalén como en toda Judea y
Samaria, y hasta los confines de la tierra.*

—Jᴇsús

Mantengo todo lo que te he ofrecido en las tres cartas que hemos puesto sobre la mesa; sin embargo, sin la cuarta carta, todo lo que he hecho ha sido montarte en un caballo y enviarte a luchar contra un tanque. Eso no es ganar la guerra, es cometer suicidio.

El pensamiento positivo es importante; por eso debes cuidar cómo hablas y preocuparte por tus hábitos. Pero si eso es todo con lo que te vas, entonces este libro no ha sido más que una autoayuda. Hay algo mucho mejor que la autoayuda: la ayuda de Dios. Sin ella, todas las estrategias de autogestión y los consejos para hacer crecer tu inteligencia emocional te dejarán impotente cuando se trate de un cambio verdadero y duradero.

Como dije, salir a luchar a caballo contra un tanque parece una muy mala idea. Sin embargo, en la increíble pero verdadera historia que se muestra en la película *Tropa de héroes* eso es exactamente lo que sucedió. El escenario de *Tropa de héroes* tiene lugar en los días posteriores al 11 de septiembre, cuando al-Qaeda se atrincheró en las montañas de Afganistán. Un contingente de soldados increíblemente valientes liderado por un personaje interpretado por Chris Hemsworth acordó unir fuerzas con un caudillo local que prometió ponerlos en la pista de los terroristas. El único problema era que no sabían con certeza si podían confiar en el caudillo; desde el momento que pusieran el pie en el país se pondría precio a sus cabezas, de manera que los términos del acuerdo cambiaban todos los días. Ah, y tendrían que viajar a caballo, ya que en la montaña no había forma de acercarse sigilosamente a al-Qaeda utilizando vehículos tradicionales.

La escena más asombrosa ocurre cuando los soldados salen en el campo de batalla a enfrentar las camionetas llenas de ametralladoras e incluso tanques del tipo regular. Los soldados estadounidenses disponían solo de las armas y granadas que llevaban en sus manos. Si este fuera el final de la historia, estaríamos hablando de un tremendo fracaso. Pero no. La historia continúa. También tenían un puntero láser y un teléfono satelital. Con esos dos equipos vitales hicieron que lloviera fuego del cielo. No era lo que habían llevado al campo de batalla lo que los hizo peligrosos, sino quién estaba al otro lado del teléfono. Y al otro lado estaba el ejército más poderoso de la historia de la humanidad. Todo lo que los soldados tenían que hacer era marcar el objetivo con el láser y dar la orden por el teléfono. Pronto, el cielo estaba cubierto de bombarderos B-2. Recuerda: el que controla las zonas altas controla el resultado.

Al principio del libro mencioné el ataque de desesperación de Pablo en el que se lamentaba por su incapacidad para ayudarse a sí mismo. ¿Recuerdas lo que dijo? «No hago lo que quiero, sino lo que aborrezco eso hago» (Romanos 7.15).

Si fuéramos capaces de hacer lo bueno por nosotros mismos, no tendríamos necesidad de Dios. Simplemente seguiríamos la regla de oro y todo estaría bien. El problema es que somos seres caídos y tendemos a ir tras las decisiones pecaminosas. No hay nadie que busque a Dios. ¡No hay uno solo! (Romanos 3.10-12). Si este no fuera el caso, Dios nunca habría enviado a su Hijo a morir por nosotros; en lugar de eso, le habría bastado con decirnos que fuéramos buenos. A decir verdad, eso fue todo lo que trató con Moisés en el Monte Sinaí. Los Diez Mandamientos eran esencialmente Dios diciéndonos que nos ayudáramos a nosotros mismos. Y no pasaron ni diez minutos y se produjo una orgía de borrachos con un becerro de oro seguido de una anarquía completa y total.

Pablo no terminó su lamento diciendo: «Creo que voy a tener que esforzarme más», sino que dijo: «¡Gracias a Dios por medio de Jesucristo nuestro Señor!» (Romanos 7.25). Confiar en Jesús es nuestra arma secreta, el as de espadas que ninguna carta puede vencer.

El mensaje del evangelio no es *intentar*; es *confiar*. Es lo que te pone en contacto con el poder de lo alto. ¿Quieres hablar de superioridad aérea? No hay nada tan alto como el Altísimo. Dios, que habita en el cielo, espera enviar su máximo poder en respuesta a tu oración pidiendo con fe y recibiéndolo con una mente preparada para actuar en consecuencia. Esto no hace que las otras cosas de las que hemos hablado sean irrelevantes; más bien las hace sumamente significativas. Recibir el poder de Dios es como enchufarte a una fuente inagotable de energía.

EL MENSAJE
DEL
EVANGELIO

NO ES
INTENTAR,
ES
CONFIAR.

Hay una gran diferencia entre usar una cafetera eléctrica o un rizador que está enchufado en lugar de usar uno que simplemente está en el mostrador.

Uno. Dos. ¡Listos!

Parece haber una diferencia entre los que dicen que Dios ayuda a quienes se ayudan a sí mismos y los que insisten en que Dios ayuda a quienes *no pueden* ayudarse a sí mismos. Creo que son dos caras de la misma moneda.

Es cierto que la salvación tiene que ver con la gracia. Estamos muertos en el pecado, y los muertos no pueden resucitar por ellos mismos, pese a lo que hagan. Por otro lado, una vez que Jesús nos ha resucitado de entre los muertos, espera que nos transformemos en resucitados activos haciendo lo que él ha hecho en nosotros. Debes orar como si todo tuviera que ver con Dios y trabajar como si todo tuviera que ver contigo. O para ponerlo en el lenguaje financiero: piensa como un millonario pero actúa como si estuvieras en bancarrota.

Vemos ilustrada esta verdad cuando Jesús trajo de nuevo a la vida a una niña que había muerto (Marcos 5.35-43). Su resurrección fue cosa totalmente de Jesús. Ella no pudo hacer nada. Esto es lo que ocurre cuando estamos sin Dios: sin esperanza, perdidos y completamente incapaces de cambiar nuestro estado. Pero una vez que la niña volvió a la vida, Jesús le dijo a su familia que le dieran algo para comer (v. 43). ¿Por qué después de haberla levantado de entre los muertos, les dijo a sus familiares que le dieran de comer? Dios nunca hará por nosotros lo que podemos hacer nosotros por nosotros mismos.

Lo vemos de nuevo cuando Jesús resucitó a Lázaro. Fue Jesús quien hizo que la sangre coagulada de Lázaro volviera a fluir a través del sistema venoso que ya estaba seco; pero luego les dijo a los que estaban allí que lo despojaran de la ropa mortuoria con la que lo habían sepultado. Solo Dios puede obrar lo milagroso, pero espera que nosotros asumamos nuestra tarea a partir del milagro llevado a cabo.

No debemos entrar en el campo de batalla confiados en nuestros propios recursos. El poder que lleva a la victoria no está en nosotros ni es de nosotros; está con Dios y viene a nosotros a través de su mano. Pero a nosotros corresponde poner en acción ese poder. Tenerlo y usarlo son dos cosas completamente diferentes. Mi hermano me compró una tarjeta que me permite ir al cine a ver una película cada veinticuatro horas si quiero. La guardo en mi billetera y allí está, vaya al cine o no. Lo mismo es cierto con las tarjetas de membresía de los gimnasios. El hecho de que tenga derecho a ir al gimnasio y utilizar libremente el equipo que allí hay no significa que ya haya conseguido, automáticamente, un cuerpo atlético. Tengo que ir al gimnasio y aprovecharme de lo que la membresía me ofrece.

Este arsenal de poder está a tu entera disposición como hijo de Dios. Pedro escribió: «Como todas las cosas que pertenecen a la vida y a la piedad nos han sido dadas por su divino poder, mediante el conocimiento de aquel que nos llamó por su gloria y excelencia» (2 Pedro 1.3, RVR1960). ¿Tienes tú todas las cosas que pertenecen a la vida y a la piedad? Sin duda que potencialmente las tienes, pero tienes que aprovechar en forma práctica lo que te pertenece.

Pablo hizo una declaración similar: «Bendito sea el Dios y Padre de nuestro Señor Jesucristo, que nos bendijo con toda bendición espiritual en los lugares celestiales en Cristo» (Efesios

1.3, RVR60). Quizás estés pensando: *Un momento, ¿en realidad tengo «toda bendición espiritual en los lugares celestiales en Cristo»? Si la tengo ¿dónde están todas estas bendiciones?* Están en el mismo lugar donde están los bíceps y los abdominales que te habría gustado tener, esperando que lleguen a ser una realidad. No funcionarán si no los haces trabajar.

¡Qué trágico hubiera sido para los soldados estadounidenses en Afganistán tratar de arreglárselas solos en lugar de llamar a los bombarderos B-2 que los estaban esperando! Es lo que hacemos cuando tratamos de librar batallas espirituales usando solo estrategias humanas.

Mantén esa imagen en mente al leer estas palabras de 2 Corintios 10: «Pues aunque andamos en la carne, no militamos según la carne; porque las armas de nuestra milicia no son carnales, sino poderosas en Dios para la destrucción de fortalezas, derribando argumentos y toda altivez que se levanta contra el conocimiento de Dios, y llevando cautivo todo pensamiento a la obediencia a Cristo» (vv. 3-5, RVR60).

Uno de los mayores errores que puedes cometer es tratar de hacer el trabajo de Dios sin el poder de él. En *Iron Man 3* hay una gran escena donde el piloto automático de Tony Stark se echa a perder desviándolo de su ruta a cientos de kilómetros y realizando un aterrizaje forzoso en Rose Hill, Tennessee, que está cubierto de nieve. Presa de la claustrofobia, se eyecta pero una vez fuera de la nave, se da cuenta de lo «fresca» que está la nieve y entonces deseó haber permanecido dentro de la comodidad de su traje.

Así que camina penosamente por la nieve, arrastrando el traje de Iron Man como cuando un niño tira de un trineo de juguete. Sopla y resopla mientras avanza dando un paso tras otro. Es un cuadro curioso porque el traje no fue diseñado para que él lo llevara, sino para que el traje lo llevara a él mientras cumplía su misión de superhéroe.

La Biblia dice que estamos *en* Cristo. «En Cristo» es un término teológico para describir la forma en que Dios nos ve completamente cubiertos en Jesús. Pero cuando se trata de librar batallas, también se puede pensar estar en Cristo como Tony dentro de su traje. A través de nuestra confianza continua en Jesús, tenemos a nuestra disposición un arsenal de protección, municiones y navegación.

Muchos cristianos luchan por obtener lo que, de tenerlo, debería impulsarlos, y tratan de pelear las batallas de esta vida con sus propias fuerzas, librando guerras según la carne. ¡No cometas ese error! Mantente dentro de tu traje. Jesús no es algo para llevar como un dije religioso o como un amuleto de la buena suerte. Él es el Señor resucitado que te llevará como el traje de Iron Man. Pide poder de fuego y cuando Dios haga temblar la tierra con su energía, prepárate para ocupar el territorio que ha despejado con las estrategias sensatas de las tres primeras cartas. Tienes que mantener lo que él te da: el poder para obtener.

Pero ¿qué pasa con las fortalezas acerca de las cuales Pablo dijo que necesitamos el poder de Dios para derribarlas? La mayoría de las ciudades antiguas tenían una fortaleza en lo alto de una colina en la que sus residentes podían refugiarse. Los corintios lo entendieron muy bien cuando el apóstol usó este lenguaje porque, muy por encima de la antigua ciudad de Corinto, había una colina de casi seiscientos metros de altura sobre la que se alzaba una fortaleza. El que controlaba esa fortaleza controlaba la ciudad.

En el capítulo dos vimos la importancia de poseer un terreno elevado. Una fortaleza ofrece muchos beneficios. Por un lado, puedes ver al enemigo venir, por lo que es muy difícil que

LAS FORTALEZAS HALAN CONSTANTEMENTE EN LA DIRECCIÓN INCORRECTA.

te tome por sorpresa. Por otro, tienes la luz a tu favor porque el enemigo tiene que mirar hacia el sol para verte. Cuando alguien tiene una posición más alta que tú, eres un blanco fácil.

En tu vida, una fortaleza es un área en la que te has atrincherado al creer algo que no es verdad, o al hacer algo que no deberías haber hecho y, como resultado, el enemigo tiene una posición fuertemente fortificada en tu vida. En pocas palabras: halan constantemente en la dirección incorrecta.

Esas fortalezas pueden tomar muchas formas: orgullo, ansiedad, lujuria, resentimiento, celos, amargura, condena, vergüenza, abuso físico, drogadicción y otras adicciones, celos, codicia, desórdenes alimenticios, comportamiento compulsivo, baja autoestima. La lista puede alargarse todo lo que quieras.

Estas fortalezas obstaculizan la alegría, el crecimiento, la libertad y la fuerza que estamos destinados a experimentar. Neutralizan nuestra efectividad y nos encierran en un estado de desarrollo estancado. Esto es seguro: nunca experimentaremos todo lo que nos depara la vida si estamos viviendo con fortalezas. Es como tener un bloqueo en las arterias. No importa qué tan duro bombee el corazón, simplemente no podremos obtener el flujo sanguíneo necesario para que el cuerpo funcione normalmente.

Vale la pena aclarar que no tenemos que demoler una fortaleza que nunca se construyó. Es por eso que debemos ser extremadamente cautelosos con lo que permitimos que entre a nuestras vidas. Si gastáramos más energía en prevención, no necesitaríamos pasar tanto tiempo en busca de salud. Yo prefiero lavarme bien las manos, descansar, mantenerme hidratado y vacunarme contra la gripe que gastar una tonelada de dinero en NyQuil y Theraflu, zinc, plata coloidal y vinagre de sidra de manzana.

Lo mismo ocurre con tu alma. Un gramo de prevención equivale a un kilogramo de sanidad. Es mala idea jugar con el pecado, porque los puntos de apoyo se convierten en fortalezas. Un poco de levadura fermenta toda la masa (Gálatas 5.9). El mayor error que podemos cometer es subestimar al enemigo: él juega al ajedrez, no a las damas, y busca tener una cabeza de playa en tu vida.

Puede que estés haciendo un compromiso relativamente pequeño aquí o allá, como salir con alguien que no deberías, o mirar películas obscenas y pensar: Yo *puedo manejar esto*. Quizás puedas, pero él está buscando lo que sea para que justifiques lo que sea.

No debemos permitir que las cosas pequeñas vayan en aumento, pero ¿y si ya lo hemos hecho? ¡Nuestro Dios es capaz! Sí, un gramo de prevención equivale a un kilo de sanidad, ¡pero la buena noticia es que Dios también tiene un kilo de sanidad! Nunca es demasiado tarde para hacer lo correcto.

¿Hay cosas que ejercen un fuerte control sobre ti? ¿Cosas que te están llevando constantemente en la dirección equivocada? Aquí está la fórmula para hacerlas polvo:

1. Detéctalas. Pídele a Dios que te abra los ojos ante los pecados ocultos para que puedas identificarlos y reconocerlos por lo que son: áreas de opresión en las que el pecado se ha atrincherado y el enemigo tiene una posición de poder en tu contra. Somos incapaces de ver nuestros propios puntos ciegos.

2. Renuncia a pensar o a seguir comportándote como lo hacías. Pon tu alma en contra de aquellas cosas. A esto se le llama *arrepentimiento*.

3. Apunta al objetivo con tal precisión que el cielo pueda destruirlo con el poder sobrenatural de Dios.

4. Deja que los demás se enteren de lo que ha estado sucediendo en tu vida. Solo Dios puede perdonar, pero necesitamos a otros para recibir la sanidad (Santiago 5.16).

5. Con cuidado y diligencia levanta algo en el lugar del pecado para que desaparezca para siempre. Si no le das seguimiento a tu nuevo comienzo con un nuevo plan, la fortaleza volverá y será siete veces peor que la primera vez. La cirugía del corazón de baipás triple solo es efectiva si el paciente hace ejercicio y sigue una dieta baja en colesterol. De lo contrario, termina justo donde estaba antes de la cirugía.

Permíteme ampliar el tercer punto: apuntar al objetivo. Mantén el láser directo apuntando a la fortaleza para que cuando digas la palabra clave, los bombarderos sepan dónde dejar caer sus bombas. Para hacer esto de manera efectiva, deberás usar un lenguaje preciso. Cada misión tiene una palabra clave para autenticar el comando. En la película *La caída del halcón negro*, por ejemplo, la palabra clave era *Irene*.

Nosotros también hemos recibido una palabra clave, y esta palabra es un nombre. Filipenses 2.10 nos dice: «Para que *ante el nombre de Jesús* se doble toda rodilla en el cielo y en la tierra y debajo de la tierra».

Podrás hacer que tus enemigos se arrodillen cuando estés dispuesto a hacerlo tú primero. Como dice el viejo himno: «Satanás tiembla cuando ve al santo más débil sobre sus rodillas». La oración es un arma que disipa la oscuridad. Mientras oras, asegúrate de usar la palabra clave: El nombre de Jesús —no un Dios genérico o el hombre de arriba— es lo que nos da poder.

Escuché recientemente que el programa de televisión *MythBusters* (Cazadores de mitos) se llamaba originalmente

Tall Tales o *True*, pero el programa fue rechazado cuando lo presentaron al canal *Discovery*. No fue sino hasta que le cambiaron el nombre a *MythBusters* que lo aceptaron.

Las palabras son importantes. Dios nos ha dado un nombre que es sobre todo nombre, y ha diseñado verdaderas inundaciones de poder cuando lo usamos. Omitirlo es un gran error.

Descubre lo que David dijo que es posible cuando estamos dispuestos a pedir la ayuda de Dios al declararle la guerra a todo lo que te detiene:

> [Él] adiestra mis manos para la batalla,
>   y mis brazos para tensar arcos de bronce.
> Tú me cubres con el escudo de tu salvación,
>   y con tu diestra me sostienes;
>   tu bondad me ha hecho prosperar.
> Me has despejado el camino,
>   así que mis tobillos no flaquean.
>
> Perseguí a mis enemigos, les di alcance,
>   y no retrocedí hasta verlos aniquilados.
> Los aplasté. Ya no pudieron levantarse.
>   ¡Cayeron debajo de mis pies!
> Tú me armaste de valor para el combate;
>   bajo mi planta sometiste a los rebeldes.
> Hiciste retroceder a mis enemigos,
>   y así exterminé a los que me odiaban.
> Pedían ayuda; no hubo quien los salvara.
>   Al Señor clamaron, pero no les respondió.
> Los desmenucé. Parecían polvo disperso por el viento.
>   ¡Los pisoteé como al lodo de las calles!

Me has librado de una turba amotinada;
   me has puesto por encima de los paganos;
   me sirve gente que yo no conocía.
Apenas me oyen, me obedecen;
   son extranjeros, y me rinden homenaje.
¡Esos extraños se descorazonan,
   y temblando salen de sus refugios! (Salmos 18.34-45)

David sabía de lo que estaba hablando. Cuando era joven, se había presentado en el valle de Ela para eliminar a un gigante llamado Goliat que había estado blasfemando contra Dios durante cuarenta días. Todos en Israel temblaban ante ese tremendo enemigo que se vanagloriaba de su superioridad.

David parecía un jinete cabalgando contra un tanque mientras se acercaba a enfrentar a ese guerrero con solo una honda, unas cuantas piedrecillas y un cayado de pastor. Parecía superado en todo. Goliat rugía de rabia, la saliva borboteaba a través de sus grotescos labios mientras prometía cubrir de rojo la tierra con la sangre de David. Pero David no confiaba en las armas que tenía en sus manos; le bastó con invocar «el nombre del SEÑOR Todopoderoso, el Dios de los ejércitos de Israel» y la cabeza del gigante rodó, cercenada por su propia espada (1 Samuel 17.45).

Cuando peleas tus batallas en el nombre de Jesús, tus enemigos no tendrán más poder sobre ti que el gigante tuvo sobre David aquel día en el valle de Ela. Cuando el cadáver de Goliat cayó sobre la tierra y el polvo se asentó, quedó en evidencia que incluso con su armadura de unos sesenta kilos, su enorme jabalina, su lanza y su casco, había sido él quien, montado en un caballo, había salido a pelear contra un tanque.

ÁGUILAS Y MARIPOSAS

*Los errores no son necesariamente malos. No
tienen por qué serlo. Sí son una consecuencia
inevitable cuando se hace algo nuevo (y, en
tal caso, deben considerarse valiosos).*

—Ed Catmull

¿Alguna vez has dicho: *Esto es muy difícil; es más de lo
que puedo soportar*? Si tu respuesta es sí, tienes razón.
No puedes.

Siempre sucedía en el recreo, y siempre implicaba caerme
de un tobogán, de los columpios, de un cerco. No recuerdo
las veces que me caí cuando era niño. Los segundos parecían
horas mientras intentaba recuperar la respiración. Cuando eso
ocurría, estaba seguro de que me iba a morir. Y así me sentía
unos momentos que parecían una eternidad, hasta que todo
volvía a ser como antes, y regresaba a mis juegos, como si nada
hubiera pasado.

Lo que no sabía entonces era que hay más de una forma de
que te saquen el aire de los pulmones.

Descubrí los límites hasta los que podía llegar mi respiración un día en que traté de darle a mi hija Lenya respiración cardiopulmonar en los momentos finales de su vida en la tierra. El aire que le enviaba a sus pulmones no fue suficiente y, a pesar de mis mejores esfuerzos, Lenya murió y se fue al cielo, dejándonos sin aire. Han pasado cinco años y, en aquel momento, el poder de aquella devastadora explosión ha provocado ondas en nuestra familia que nos han hecho perder la respiración una y otra vez, a menudo cuando menos lo esperábamos. Más veces de las que puedo contar ha pasado por mi mente el dicho: *Esto es más de lo que podemos soportar.*

Si aún no te has enfrentado a algo tan difícil que te haya llevado al límite, tu día llegará. No lo digo en forma irrespetuosa; solo lo digo como un hecho. Si vives lo suficiente como para amar profundamente, te herirás profundamente. Todos tenemos un punto de quiebre, no importa cuán gallardos, valientes o fuertes nos creamos. Incluso lo que te mantiene con vida, tu aliento, tiene sus límites.

Se ha dicho que el tiempo se ríe de nosotros. Yo cambiaría eso por: el tiempo nos convierte en *seres frágiles.* Hasta los jóvenes se cansan y los hombres fuertes fracasan. Todas las personas a las que conocemos o por las que nos preocupamos algún día enfermarán, se herirán o lesionarán; al final, todos moriremos. La destrucción es el premio mayor de ser mortal.

Es por eso que es tan importante que no intentes luchar en estas batallas con tu propia fuerza o confiando en tu propio poder pulmonar. Cuando te quiten la respiración, necesitarás confiar en Dios para tener un segundo aire. El primero es tu aire natural que te fue dado en la creación, cuando Dios sopló en el polvo del que nos formó. El segundo aire es el poder del

Espíritu Santo dado a nosotros después de que Jesús resucitó de entre los muertos.

Estando los discípulos reunidos en el Aposento Alto, Jesús se apareció en medio de ellos y demostró que estaba vivo al permitirles que lo tocaran. Luego hizo lo mismo que en el jardín del Edén: sopló sobre ellos. Y les dijo: «Reciban el Espíritu Santo» (Juan 20.22).

Entiendo si tu antena se dispara cuando menciono el Espíritu Santo. Pero quédate conmigo; esto no es cuestión de secta ni denominacional, es escritural. Esta es un área en la que ha habido muchos abusos, pero ignorarla también es abuso. E ignorar al Espíritu Santo es como rechazar la oferta de un amigo que quiere ayudarte a mudar con su camión y, en lugar de aceptar, optas por llevar tus muebles arrastrando por el camino.

El Espíritu Santo es el secreto de la vida victoriosa. Él quiere apoyar los esfuerzos que haces por vivir para Dios y ayudarte a triunfar en la guerra que libras con la versión de ti que no quieres ser. Todo lo que tienes que hacer es pedirle a Dios que te dé fuerzas y acudirá en respuesta como un viento impetuoso que te impulsará a lugares a los que nunca podrías ir por tus propias fuerzas. Esta es la clave para ser la madre que siempre quisiste ser, manejando las situaciones conflictivas con tu padre como desearías hacerlo; para ser el agente inmobiliario que hace un excelente trabajo y pasar por la quimioterapia valientemente como una luz resplandeciente. Quiero que seas consciente de esta fuerza que tienes para que no dejes de pensar correctamente, hablar correctamente y hacer las cosas bien.

En el Antiguo Testamento, los sacerdotes que servían en el templo pasaban por un proceso antes de poder presentarse para cumplir con su trabajo. Debían someterse a un ritual de purificación con agua y a un ceremonial que tenía que ver con la vestimenta que usarían. Pero antes de que pudieran «marcar tarjeta» eran ungidos primero con sangre y luego con aceite. La sangre era el símbolo del perdón, y se aplicaba en la oreja para purificación de lo que habían oído, en el pulgar para purificación de lo que habían tocado y en el dedo gordo del pie para purificarse de lo recorrido. Para los sacerdotes en aquella época, el aceite era un símbolo de separación, pero ahora que tenemos la revelación completa de la Palabra de Dios, sabemos que el aceite era un símbolo de la unción del Espíritu Santo. Hoy, por medio de Cristo, somos «linaje escogido, real sacerdocio, nación santa, pueblo que pertenece a Dios» (1 Pedro 2.9).

No solo necesitamos el perdón que viene por la salvación; necesitamos ayuda, poder de lo alto. Hoy hay muchos creyentes que ya son salvos pero que no disfrutan del empoderamiento que viene de Dios. Necesitamos la sangre y el aceite, la cruz y el Consolador.

El prolífico predicador Charles Spurgeon escribió:

> Si hubiera una sola oración que decir antes de morir, debería ser esta: Señor, envía a tu iglesia hombres llenos del Espíritu Santo y con fuego. La iglesia hoy es débil porque el Espíritu Santo no está sobre sus miembros como podríamos desearlo. Tú y yo estamos tambaleándonos como bebés débiles, pero si tuviéramos más Espíritu, podríamos caminar sin desmayar, correr sin cansancio e incluso levantar alas como águilas.

Muchos seguidores de Jesús han venido a través del Calvario pero han descuidado el Pentecostés. El resultado es que terminan como mariposas espirituales, no como águilas. Jesús prometió poner su poder en nuestros pulmones. Pero si no lo pedimos, estamos perdonados pero no dotados del poder que necesitamos para el servicio. Revoloteamos, desviados del curso por la brisa más leve, cuando podríamos surcar los aires majestuosa y vigorosamente.

Alguien ha dicho que si el Espíritu Santo se retirara de la iglesia hoy, el noventa y cinco por ciento de lo que hacemos lo seguiríamos haciendo y nadie notaría la diferencia. ¡Eso es una farsa! Dependemos tanto del Espíritu Santo que, si se fuera, nos sentiríamos como un astronauta sin suministro de oxígeno.

Dos pasos a la izquierda

Hay un sendero que frecuento cuando estoy estudiando y se me produce un bloqueo mental. A lo largo de los años he tenido momentos realmente impresionantes con el Señor. Encuento que oro y pienso mejor cuando estoy caminando. Mi espíritu se rejuvenece. Invito a mi perro, Tabasco, a que me acompañe; llevo siempre en mi bolsillo una hoja de papel, un bolígrafo y, lo más importante, dejo mi celular en la cocina.

Cuando mi hija Lenya se fue a su hogar en el cielo, una de las maneras más importantes en que me las arreglé fue caminar y mientras lo hacía, decirle a Dios exactamente cómo me sentía. He escrito más puntos de sermones y tengo más ideas para mensajes en este camino que en cualquier otra parte del mundo.

Por lo general no solo camino, sino que también voy pensando, orando y algunas veces hasta cantando. Las personas con las que me encuentro probablemente piensen que estoy loco, al escucharme murmullar o verme escribiendo algo apoyando un trozo de papel en mi muslo.

Hace unos meses en uno de esos paseos, noté que estaba caminando de una manera extraña, casi como si estuviera jugando a la rayuela o caminando sobre un puente en mal estado. Lo que pasaba era que estaba evitando poner mis pies sobre unos «pequeños obsequios» que habían dejado en el suelo una bandada de gansos canadienses que vienen a vivir entre nosotros durante los meses más cálidos del año. Es normal que dejen su excremento por todas partes, pero esta vez era algo exagerado. Todo estaba cubierto de excremento de ganso. En algunos puntos prácticamente no se veía el pavimento. No sé en qué clase de fiesta estuvieron, pero si algún ganso canadiense me estuviera leyendo, no quisiera que me invitara.

Sin embargo, persistí. Hay un punto en el camino en el que siempre doy la vuelta y, de no llegar a ese punto, corría el riesgo de sufrir un trastorno obsesivo-compulsivo. Necesitaba llegar, así que seguí adelante.

Que nunca se diga que un ganso de Canadá venció a Levi Lusko. Casi cada paso me obligaba a buscar un sitio despejado donde poner el pie, más o menos como Will Ferrell subiendo la escalera mecánica de *Elf*. Finalmente llegué al punto de retorno; di media vuelta solo para decirme: «¿Tendré que hacerlo una vez más?». Me sentí disgustado y a punto que me diera un calambre.

Sin embargo, cuando empecé a buscar una vía más expedita para mi regreso, noté una franja verde cubierta de hierba que corría paralela al camino. Al parecer, a los gansos no les había llamado la atención como lugar para hacer sus necesidades. Estaba completamente limpia y absolutamente apta para caminar. Me sentí bastante estúpido al darme cuenta de que había estado caminando todo el tiempo sorteando «las minas terrestres», en lugar de haber caminado por la hierba. Di dos pasos a la izquierda y, a partir de ahí, miel sobre hojuelas.

Creo que eso ilustra la diferencia entre tratar de vivir para Dios y dejar que la vida de Dios viva a través de nosotros. Fue un pequeño cambio, solo dos pasos hacia la izquierda, y pasé de moverme como una mariposa incómoda a volar como un águila.

Puede que no necesites hacer grandes cambios para lograr un progreso significativo. Es posible que te estés moviendo en la dirección correcta, solo que haciéndolo más difícil de lo que es. Quizás has estado yendo por un camino sembrado de lo que el apóstol Pablo llamó estiércol humano (Filipenses 3.8). Una vez que aprendió a confiar en el poder del Espíritu, él todavía dio tanto esfuerzo, tal vez incluso más. La gracia de Dios nunca hará que quieras hacer menos; al contrario, estarás listo para ir más allá, porque sabes que ya no se trata de ti.

Quizás el cambio del poder tuyo al poder del Espíritu sea como dar dos pasos a la izquierda y avanzar en la misma dirección que antes, pero ahora viendo cómo bendice Dios tus esfuerzos de manera dramática.

Ese es el mensaje que Dios le dio a Zorobabel y que encontramos en el libro de Zacarías, en el Antiguo Testamento. (Si no sabes dónde está Zacarías, sigue estas instrucciones: ubica Mateo, el primer libro del Nuevo Testamento y, cuando lo tengas, da dos pasos a la izquierda y te encontrarás con el profeta Zacarías). Con el permiso del rey Ciro, Zorobabel trajo 42.360 de sus mejores amigos a Jerusalén. Su objetivo era construir el templo que había sido derribado durante la invasión de Babilonia en 586 A.C., cuando Nabucodonosor conquistó Judá y se llevó a sus habitantes encadenados a Babilonia donde vivieron como cautivos.

Dios llamó a Zorobabel a reconstruir la casa de Dios. Era peligroso, arriesgado y difícil, especialmente sin muros protectores. Cuando le preguntaron a Dios cómo podrían estar

LA GRACIA DE
DIOS
NUNCA HARÁ QUE
QUIERAS
HACER MENOS;
PORQUE SABES
* QUE YA *
NO SE
TRATA
DE TI.

a salvo sin muros que los protegiera de una invasión, él les dijo: «Jerusalén llegará a ser una ciudad sin muros. En torno suyo... seré un muro de fuego, y dentro de ella seré su gloria» (Zacarías 2.5).

¡Qué pensamiento más reconfortante! Por cuestión de seguridad y para proteger a mi familia, en casa tengo un sistema de seguridad, una pistola y un bate de béisbol. Pero lo que más me conforta es que uno de mis vecinos es oficial de policía y, además, tengo otros tres policías amigos que acudirían si yo los llamo; sin embargo, lo que me da más tranquilidad es saber que Dios mantiene mi casa y mi familia rodeados con un muro de fuego.

Eso fue suficiente para Zorobabel, por lo que él y su gente se pusieron a trabajar. Trabajaron por espacio de nueve años, pero después de casi una década no tenían mucho que mostrar. Se habían encontrado con oposición, con barreras, con desaliento y con problemas imprevistos. Y, por supuesto, hubo peleas y divisiones porque, seamos sinceros: no se puede lograr nada grandioso sin críticas y dificultades. Todos los días lo intentaban, lo intentaban y lo intentaban, y simplemente no funcionaba, no funcionaba, no funcionaba.

Seguramente sientes pena por Zorobabel porque aunque se tenga a la vista el éxito en el trabajo, mantener a un equipo motivado, en marcha y entusiasmado no es fácil. «¿Ves lo que está pasando? ¡Y lo que nos falta por hacer! ¿Cuántos de ustedes creen que vamos a hacer más que esto?». Durante nueve años, estuvo tratando de animar a su gente a que creyeran que lo lograrían cuando no se veía ningún progreso que los estimulara.

Zorobabel tiene que haberse sentido desanimado y cansado. Sus ruedas patinaban en el barro y no podía obtener tracción. Aquí es cuando aparecen las dudas: *Quizás yo no soy la persona. No creo que esté hecho para esto. Tal vez deberíamos dejarlo en manos de otra persona.*

Por todo lo que estaba pasándole, Zorobabel cayó víctima de una fuerte depresión. Pero Dios le habló y aceleró su corazón. A través de un ángel, Dios le dio una visión a Zacarías para Zorobabel. En ella, el profeta vio un candelabro de oro, curiosamente, el mismo tipo de candelabro que estaría en el templo de Jerusalén, si alguna vez lo terminaban. En la visión, el trabajo en el templo estaba completamente hecho, y este era un candelabro como nadie había visto antes.

Este gran y elaborado candelabro de oro tenía siete llamas y encima había un enorme cuenco dorado. El cuenco estaba situado debajo de dos enormes árboles de olivos que producían olivas. Tan pronto como una aceituna maduraba, caía del árbol en el cuenco.

Las olivas eran prensadas para convertirlas en aceite de oliva, aceite que iría llenando siete tubos unidos al fondo del cuenco. Cada uno de los tubos alimentaba a cada una de las llamas. A diferencia de la antorcha en el templo, que requería que se le estuviera agregando aceite diariamente, este era un suministro interminable que alimentaba a cada llama en forma constante. Era un fuego eterno, ardiendo perpetua y autosuficientemente.

La visión vino con las siguientes instrucciones:

«Esta es la palabra del Señor para Zorobabel: "No será por la fuerza ni por ningún poder, sino por mi Espíritu" dice el Señor Todopoderoso» (Zacarías 4.6).

Cambio de juego. Esta era la pieza que faltaba: poder secreto. Zorobabel iba a estar haciendo lo mismo que había estado haciendo antes, pero ahora confiaría en la fuerza de Dios más que en la suya. Un pequeño ajuste provocaría una enorme diferencia, porque ya no estaría tratando de forzarlo para hacerlo una realidad, sino que daría dos pasos hacia la izquierda para entrar en el carril llamado *gracia*. Al confiar en el poder de Dios, podría cumplir el llamado de Dios. Al confiar en el Espíritu Santo, Zacarías y el pueblo hicieron lo imposible: las montañas se transformarían en llanuras delante de ellos, y él pondría la piedra principal entre gritos de ¡Gracia! ¡Gracia! (Zacarías 4:7).

&l PODER FANTASMA

Quizás la palabra de Dios para Zorobabel sea la misma para ti también. ¿Estás tú al final de tu matrimonio? ¿A punto de estallar con tus hijos? ¿Te estás quedando sin trabajo? Tal vez estás tratando de hacer lo correcto pero estás confiando en tus propias fuerzas. Si una mariposa quiere llegar a las alturas a las que puede llegar un águila, tendrá que agitar innumerables veces sus alas; el águila, en cambio, puede viajar en las alas del viento, lo que la mariposa no puede hacer. He ahí la gran diferencia entre el esfuerzo propio y tener el poder del Espíritu Santo inflando las velas de tu vida.

Los discípulos nunca podrían haber llevado el evangelio hasta los confines de la tierra y trastornado tan seriamente al Imperio romano si no hubiesen contado con el poder del Espíritu Santo; es por eso que Jesús les dijo que esperaran hasta recibir poder de lo alto. La situación no es diferente en cuanto a ti. Hay cosas maravillosas e increíbles que Dios quiere hacer en el campus de la universidad donde estudias, en tu lugar de trabajo y en tu vecindario. Pero primero debes pedirle a Jesús que «sople» sobre ti y te dé su poder. Y tendrás que volver a hacerlo mañana, porque el poder es perecedero. Los minutos no se transfieren.

Los técnicos de audio tienen que vérselas con algo que se conoce como *poder fantasma*, que es la capacidad de enviar energía a ciertos dispositivos desde la mesa de sonido. Ciertos tipos de micrófonos requieren alimentación del poder fantasma para funcionar. El poder fantasma debe activarse específicamente para ese canal si deseas escuchar tu voz.

Efesios 4.7 nos habla del poder fantasma de Dios: «A cada uno de nosotros se nos ha dado gracia en la medida en que Cristo ha repartido los dones». Dios, el sonidista, nunca te dará un don ni te llamará a hacer algo sin darte el poder que necesitas para poner a trabajar ese don. En pocas palabras: no podrás ganar la guerra interna sin pedirle a Dios todos los días que energice tus esfuerzos y que seas sensible a las señales que te vaya dando a lo largo del camino. Al igual que la banda que tienen algunas carreteras para que el conductor advierta que se está descarrilando, Dios nos dirige a través de suaves empujones para que no nos desviemos del rumbo.

No importa lo que Dios te llame a hacer, su mandato viene con capacitación. La fuerza aérea no espera que te presentes con tu propio F-16; te darán todo lo que necesitas para cumplir sus órdenes. Tampoco es necesario que entiendas todos los detalles sobre cómo completar tu misión. Solo necesitarás decir *okey* y luego obedecer. Siempre habrá un millón de razones para dudar:

- *Este no es un buen momento para comenzar a diezmar.*

- *No es práctico que nos mudemos ahora; sé que no estamos casados, pero seguramente Dios entiende.*
- *Uno de estos días comenzaré ese negocio o volveré a estudiar. Simplemente no veo cómo podría arreglármelas con esta economía.*
- *Compartiría el evangelio con mi vecino si me diera una oportunidad de tocar el tema espiritual, pero de lo único que habla es de deportes.*

Nunca será el momento preciso para obedecer; sin embargo, cuando hagas lo que Dios dijo, experimentarás poder, bendición y paz.

Decídete a obedecer a Dios y luego deja que él se encargue de los detalles. «Confía en el SEÑOR de todo corazón, y no en tu propia inteligencia. Reconócelo en todos tus caminos, y él allanará tus sendas» (Proverbios 3.5, 6). El resultado final será que lo verás resolviendo magníficamente las cosas, pero primero tendrás que dar el valiente paso de fe que dice *creo*.

Él tiene el poder; tú solo necesitas pedirlo. Él es un buen Padre. Él no te dará una tarántula si le pides una fruta acaramelada. Él te dará el Espíritu Santo si se lo pides.

Inténtalo. Y cuando sientas que te quitan el aliento, pide un segundo aire y un tercero y un cuarto. Si te derriban siete veces, te dará un séptimo aire.

Un viaje al basurero

Los avivamientos no duran ni tampoco los baños.

—ATRIBUIDO A BILLY SUNDAY

Tengo una idea para Amazon. Que establezcan un acuerdo con UPS para que cuando lleven un paquete a tu casa, retiren una caja vacía y se la lleven para reciclarla o convertirla en alimento para jerbos o lo que sea. En cuanto a mí, así me librarían de todas las cajas que conservo en mi garaje.

Este realmente es un problema. O tal vez *es mi* problema, pero comoquiera que sea, le estoy ofreciendo una solución al mundo. Solo espero que algún ejecutivo de Amazon lea esto.

Me gustaría decir que esta preocupación la tengo solo durante mis vacaciones, pero eso no sería decir la verdad. Es solo un gran problema, punto. Con solo un clic, puedo comprar en red todo lo que quiero con la mayor comodidad; sin embargo, la situación llegó a un punto crítico hace un par de meses cuando no pude llegar a donde guardo mis herramientas para agarrar un destornillador. No estoy diciendo que me sea difícil conseguir mis herramientas o que necesite mover algunas cosas para llegar a ella. El problema era que físicamente no podía entrar al garaje porque las cajas se habían apoderado de todos los espacios disponibles.

Al comienzo del año, invitamos a los miembros de nuestra iglesia a practicar un ayuno de siete días con el propósito de volver a sintonizar nuestros corazones con el cielo. Yo decidí abstenerme esa semana no solo de comida, sino de comprar lo que fuera en la red e incluso investigar cosas por la Internet (leer comentarios, mirar vídeos de YouTube y cosas así por el estilo). No visitaría ningún sitio o aplicación de comercio electrónico de ningún tipo, no leería blogs ni visitaría sitios web de moda que describen nuevas tendencias o estilos.

Con franqueza, hacer eso fue para mí más difícil que renunciar a la comida. Muchas veces me encontré pensando en cosas que necesitaba comprar. Cosas pequeñas como pasta de dientes o una nueva hélice para reemplazar la que se me había dañado en mi dron. Fue tremendamente reveladora la frecuencia con que mi reflejo iba de compras en red.

Un día, al final de la semana, cuando estábamos sentados a la mesa para nuestra cena familiar vimos pasar, a través de la ventana, al camión del servicio de correo UPS. Clover, mi hija menor, soltó: «¡El camión de UPS no se detuvo en nuestra casa!». Su hermana mayor, Daisy, reaccionó diciendo: «¡Eso nunca había sucedido antes!».

Finalmente, el día en que ya no pude entrar al garaje, decidí hacer algo al respecto. Nuestra estrategia habitual es cortar algunas cajas para que quepan en el bote de la basura. Pero el flujo de cajas que entraba superaba con creces nuestra capacidad de desarmarlas y cortarlas, así que siempre estábamos retrasados. Un día, entonces, puse un audiolibro en mis audífonos, agarré un cortaplumas y me puse a trabajar cortando aquel ejército de cajas. Llené cada centímetro cuadrado de mi vehículo todoterreno y las llevé al receptáculo de reciclaje de cartón gigante que hay en el basurero. Hacer aquello me tomó dos viajes completos. (Sabes que tienes un problema cuando...). Me sentí tan bien con el garaje libre de la evidencia del uso excesivo que habíamos venido haciendo de la red que paseé a toda mi familia por el recinto, exclamando lo feliz que estaba de volver a tener control de nuestras vidas.

Un par de semanas después me sorprendió ver que las cajas se estaban amontonando nuevamente. Me abrigué con un suéter de lana patagónica, me puse los audífonos para escuchar otro audiolibro y ataqué a las cajas. Desde entonces, eso se ha convertido en un ritual de domingo por medio. Después de la iglesia almuerzo, me quedo quieto durante cuarenta y cinco minutos, y luego me preparo para mi viaje quincenal al basurero.

No sé por qué, pero creo que eso es catártico. Hay algo tan satisfactorio en eso de deshacerse de la basura. Me hace sentir como una nueva persona. Regresar sin esa pila de cajas me hace sentir más ligero, más feliz y más satisfecho. Y al hacerlo un día domingo, me hace sentir que todas las presiones y expectativas de la semana anterior simbólicamente han terminado, dando paso a la nueva semana. Siento el impacto de la limpieza en mi mente.

La verdad es que todos debemos someternos a un tipo similar de purificación por dentro. Acumulamos mugre, suciedad y vergüenza en nuestros corazones y mentes, por lo que necesitamos una salida para toda esa basura. Esta es la razón por la cual la confesión es una parte tan importante de nuestra relación con Dios. En 1 Juan 1.9 dice: «Si confesamos nuestros pecados, Dios, que es fiel y justo, nos los perdonará y nos limpiará de toda maldad». Al pecar, lastimarnos, ofendernos y agraviar a los demás, los garajes de nuestros corazones se llenan de basura y de cajas que hieren los sentimientos y causan remordimientos. Si no tenemos un lugar para esas cosas, se acumulan y nos hacen daño. Así como nuestros teléfonos y computadoras se vuelven lentos y se congelan cuando están saturados, nuestras almas no pueden recibir los nuevos archivos que Dios quiere que descarguemos cuando ha pasado demasiado tiempo desde que se eliminaron las cosas viejas.

Me resulta interesante que incluso las personas que no creen en Dios buscan una salida para los pensamientos negativos y las emociones que se acumulan. Hace poco estuve en un hotel en el centro de Portland que tenía un rellano con vista al vestíbulo. Decorado con sofás y mesas, era un lugar ideal para tomar un café mientras trabajabas en tu computadora portátil o esperas a un amigo. Aleatoriamente dispersos por la habitación había lápices # 2 recién afilados con el logotipo del hotel y pequeñas libretas de papel. Contra una pared había un enorme armario de madera de aspecto antiguo lleno de cajones que lo hacía aparecer como que se había utilizado para almacenar cartas de catálogo de la biblioteca.

(Mantén esa idea. El timbre sonó, era UPS entregando un paquete de Amazon lleno de cápsulas de Nespresso. Algo así no se puede inventar).

Me atreví a abrir uno de los cajones. Adentro había docenas y docenas de pequeñas hojas de papel sacadas de las libretas que había en las mesitas. Cada hoja contenía notas anónimas, sin firma, escritas —sin duda— por personas que se habían hospedado en el hotel. Algunas de ellas eran poemas, otras eran pensamientos o simples notas, pero parecía que la mayoría contenía secretos que la gente quería quitarse del pecho, cosas que había hecho o habían querido hacer. Algunas eran terribles; otras, parecían no tener sentido. Unas me entristecieron mucho. Y a pesar de que algunas eran un poco raras, podría haberme quedado leyéndolas durante horas.

Pensé en ese estante de madera cuando estaba haciendo mi último viaje para librarme de las cajas. La misma razón por la que me parece bien despejar el garaje es probablemente lo que hizo que las personas que habían escrito aquellas notas descargaran sus almas en una pequeña hoja de papel y la depositaran en aquel mueble del hotel. La única diferencia entre garabatear una nota en un pedazo de papel y llevar tus pruebas y transgresiones a Dios en oración es que Dios tiene el poder de perdonarte y limpiarte con una poderosa lavadora.

Confesar tu pecado a Dios es, para tu alma, como un viaje al basurero. Imagínate si no tuvieras manera de sacar la basura de tu casa durante un mes. ¿A qué olería? ¿No crees que sería terriblemente desagradable vivir rodeado de comida en mal estado, electrodomésticos rotos, envoltorios vacíos, hisopos usados y ropa íntima sucia y raída?

En 2013, los seis mil recolectores de basura de Madrid, España, se declararon en huelga. Después de solo ocho días, la ciudad estaba inundada de basura y las calles «repletas de toda clase de desechos, incluyendo desperdicios, comida descompuesta y hasta excremento de perros». Cuando los habitantes de la ciudad ya no pudieron soportar más, rogaron a los recolectores que volvieran a su trabajo.

El punto es este: lo que ocurre en una casa y en una ciudad también ocurre en tu cabeza y en tu corazón. Sin una purga periódica, tu alma se llenará rápidamente con pensamientos apestosos y sentimientos de putrefacción que se irán acumulando poco a poco. Si bajas la guardia y permites que el *perverso*

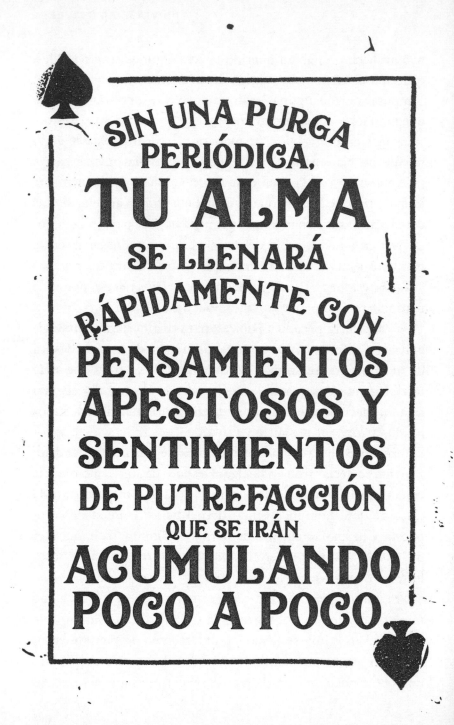

SIN UNA PURGA
PERIÓDICA,
TU ALMA
SE LLENARÁ
RÁPIDAMENTE CON
PENSAMIENTOS
APESTOSOS Y
SENTIMIENTOS
DE PUTREFACCIÓN
QUE SE IRÁN
ACUMULANDO
POCO A POCO.

tome el volante, pronto tendrás basura por todas partes que necesita depositarse en algún lugar. Si llevas a Dios los sentimientos desagradables en el momento en que se producen, evitarás que se queden a vivir en tu cabeza. Si vas a funcionar al nivel que Dios quiere, eliminando la basura emocional y espiritual, evitarás que se convierta en una parte de tu vida diaria. El Espíritu Santo es quien te muestra qué cosas debes sacar y él mismo se las lleva cuando se las entregas mediante la confesión.

LA IMPORTANCIA DE LA LIMPIEZA EN PUNTOS ESPECÍFICOS

En la Última Cena, cuando lavó los pies de los discípulos, Jesús pensaba en este viaje espiritual al basurero. Los discípulos habían estado discutiendo acerca de quién era el más grande y, allí mismo, en ese momento, Jesús modeló ante ellos la verdadera grandeza al inclinarse para servirlos. De esa manera les enseñó que el verdadero liderazgo se ejerce sirviendo a los demás.

Pedro se opuso, diciendo que nunca dejaría que Jesús le lavara los pies; pero Jesús le respondió: «Si no te los lavo, no tendrás parte conmigo» (Juan 13.8). Pedro entonces cedió y dijo: «¡Señor, no solo mis pies, sino también mis manos y mi cabeza!» (v. 9). ¡Nada de términos medios! Pedro pasó de no querer que le lavaran los pies a desear un baño de cuerpo entero con esponja y todo.

Jesús puso las cosas en su lugar con cortesía, diciéndole: «El que ya se ha bañado no necesita lavarse más que los pies pues ya todo su cuerpo está limpio» (v. 10).

Por mucho tiempo, este versículo me resultaba bastante confuso. Estoy seguro de que no faltarán los niños de siete años que lo usen como excusa a la hora del baño: «Jesús dijo que no necesito un baño, ¡solo necesito lavarme los pies!». Pero todo se aclara cuando observamos que hay dos palabras muy diferentes para «lavar» que se usan aquí: una indica que todo el cuerpo se limpia en un baño, de pies a cabeza; la otra describe una limpieza en puntos específicos del cuerpo que, después de un baño completo, se han ensuciado.

En los tiempos de Jesús, era costumbre bañarse y limpiarse por completo antes de ir a la casa de alguien o a una fiesta. Pero debido a que la gente usaba sandalias, cuando caminaban por las calles de tierra, sus pies se ensuciaban. Por esa razón, al llegar, estarían limpios a excepción de los pies. Solo sus pies necesitaban lavarse para que todo el cuerpo estuviera limpio nuevamente.

En un nivel espiritual, Jesús está describiendo dos tipos de lavado: uno hecho una vez, para volverse completamente limpio y el otro las veces que fuere necesario. El primer lavado ocurre cuando te conviertes. Tito 3.5 dice: «No por nuestras propias obras de justicia, sino por su misericordia. Nos salvó mediante el lavamiento de la regeneración y de la renovación por el Espíritu Santo».

La salvación es más poderosa que cualquier limpiador que se encuentre en el mercado de hoy. Mejor que Tide, que OxiClean, que Comet, que Scrubbing Bubbles o incluso que el cloro. Jesús nos limpia de nuestros pecados con su sangre, el único agente limpiador que puede hacer el trabajo tan eficaz que solo debe hacerse una vez.

El segundo lavado es la limpieza de suciedades ocasionales producidas por el quehacer diario en un mundo sucio y malo. Nuestros corazones han sido lavados, pero todavía podemos ensuciarnos con pensamientos, películas, conversaciones, sitios web y tantas otras cosas.

Necesitamos limpiar nuestras almas de ese tipo de cosas a diario, en un viaje frecuente al basurero. Al igual que con la limpieza de cualquier mancha, el tiempo es esencial; cuanto más tiempo se quede, peor se pone. La suciedad se acumula, se endurece y se calcifica.

Este principio es susceptible de aplicarse en cualquier área de nuestra vida. En las finanzas: no dejes que las cuentas por pagar se acumulen; revisa con frecuencia tu estado de ingresos y egresos. En tu salud: muchos hacen dietas rápidas, adoptan el sistema de ejercicios extremos durante unos meses y luego, nada; mejor hacer un poco todos los días. Lo mismo ocurre con el alma: la atención diaria es la mejor forma de mantenerla sana. Robert Murray McCheyne, el gran predicador escocés, dijo una vez: «No debo asumir nunca que un pecado es tan pequeño que no necesite una aplicación inmediata de la sangre de Cristo».

Y no confíes en que una inyección semanal de refuerzo espiritual, yendo a la iglesia el domingo para llenar el tanque, te va a mantener bien hasta el próximo domingo. Las manchas comenzarán a extenderse. Mejor usa un quitamanchas instantáneo.

A continuación te ofrezco cuatro maneras de dejar que Jesús limpie tu corazón de manchas diariamente.

1. PASA TIEMPO CON ÉL EN SU PALABRA.

Salmos 119.9 pregunta: «¿Con qué limpiará el joven su camino?» y responde: «Con guardar tu palabra». ¿Cuándo fue la última vez que abriste tu Biblia?

Un anciano sabio le dijo a un niño: «Hay dos lobos peleando siempre dentro de mí. Uno está lleno de ira, odio, celos, vergüenza y mentiras. El otro está lleno de amor, alegría, verdad y paz. Esta batalla ruge dentro de ti y de todos los hombres».

El niño pensó por un momento y preguntó: «¿Cuál de los dos lobos va a ganar?».

El viejo respondió: «Aquel al cual alimentes».

Necesitamos la Palabra de Dios para que nos provea de combustible a fin de que el lobo bueno se haga fuerte y el malo se muera de hambre.

2. ORA Y HABLA CON ÉL DURANTE EL DÍA.

El diálogo continuo a través de ráfagas de comunicación es una excelente manera de mantenerte en contacto con tu Padre celestial. Tú puedes hablar honestamente con él en cualquier lugar sobre cualquier cosa. Él está ahí. Simplemente quítate la máscara. Deja de fingir. Deja de esconderte. Sé veraz. Se siente muy bien ser perdonado y te permite ser auténticamente tú: quebrantado pero amado, arruinado pero elegido, abatido pero sanado. No puedes estar sano y completo sin descargar tu corazón ante el Señor.

3. ESCUCHA MÚSICA DE ADORACIÓN Y PODCASTS.

Vivimos en tiempos tecnológicos sorprendentes. Incluso cuando vas en tu auto, puedes ir tomando clases de discipulado digital. El tráfico pesado no te molestará porque podrás escuchar un mensaje completo o mantenerte cantando con tu grupo favorito.

4. SIRVE EN TU IGLESIA.

Cuando encuentres un lugar para servir en tu iglesia local, tendrás más probabilidades de mantenerte activo y combatiendo

NO PUEDES ESTAR SANO Y COMPLETO SIN DESCARGAR TU CORAZÓN ANTE EL SEÑOR.

el letargo que supone pasar demasiado tiempo sentado sin hacer nada. Servir también evitará que seas un consumidor en tu iglesia y te convertirá en un colaborador.

Cada una de estas estrategias te ayudará a mantener despejado el garaje de tu corazón.

Un fundamento sobre el que puedes construir

Hace poco, mientras veía un episodio del programa *60 Minutes*, me vino a la mente la importancia de estar anclado. El tema tenía que ver con la Torre del Milenio de San Francisco y sus casi doscientos metros de altura. Construida en hormigón armado envuelto en vidrio a un costo de quinientos cincuenta millones de dólares, sus cincuenta y ocho pisos contienen lujosas unidades que cuentan con todas las comodidades posibles para atraer a los magnates de la tecnología de Silicon Valley y a los capitalistas de riesgo que llenan el área de la bahía. Hasta el legendario jugador de los *49ers* Joe Montana compró una. Las unidades más pequeñas de dos habitaciones se venden por millones.

Cuando se inauguró, era el edificio residencial más alto al oeste del Mississippi. Ganó numerosos premios, varios de ellos simplemente por su construcción tan sofisticada. La torre es extraordinaria en todos los sentidos. Solo hay un problema: se está hundiendo. Hasta ahora, ha bajado cuarenta y tres centímetros, inclinándose treinta y cinco centímetros hacia el noroeste. Incluso mientras escribo, lentamente y con seguridad se la está tragando la tierra a razón de tres a cinco centímetros por año.

Para demostrar el efecto, algunos residentes hicieron rodar una canica sobre el costoso piso de madera de su condominio.

A mitad de su desplazamiento, la canica se detuvo, dio media vuelta y comenzó a retroceder en la dirección en que el edificio se inclina.

La ciudad de San Francisco y sus ingenieros han afirmado que el edificio es seguro, incluso en el caso de un terremoto, pero cunde el escepticismo. Los propietarios están vendiendo sus unidades con pérdidas millonarias, algunos incluso a la mitad del precio que pagaron.

¿Cuál es el problema? El problema es el fundamento, que no está anclado en la roca. Cuando la torre se construyó, los ingenieros bajaron veintiséis metros a través de una capa de arena. Pero tenían que haber ido hasta los sesenta y seis metros a través de capas de una historia que se remonta hasta el terremoto de 1906 y la fiebre del oro para llegar a la roca. ¿Qué pueden hacer ahora para arreglar el problema?

Una de las soluciones que se han estado barajando es congelar perpetuamente el suelo debajo del edificio para tratar de endurecerlo. Otra es eliminar veinte pisos de la parte superior del edificio para reducir su peso. Por supuesto, la forma más segura es de alguna manera colocar pilotes fundamentados sobre la roca. Pero ¿cómo se podría perforar bajo un rascacielos con mil personas viviendo adentro? ¿Y quién pagaría por todo eso?

La moraleja de la historia es que si quieres llegar alto y ser capaz de soportar el estrés de la vida, necesitas construir tu losa sobre un fundamento sólido. Por supuesto, eso es exactamente lo que dijo Jesús en una de sus parábolas más famosas:

«Estas palabras que les hablo no son adiciones incidentales a su vida, mejoras para el propietario para su estándar de vida. Son palabras fundamentales, palabras para construir una vida sobre ellas. Si haces efectivas estas palabras en tu vida, serás como un carpintero inteligente que construyó su casa sobre roca sólida. Vino la lluvia, el río se desbordó, sobrevino un tornado, pero nada movió esa casa. Estaba fundada sobre la roca. Pero si solo usas mis palabras en los estudios bíblicos y no las aplicas a tu vida, eres como un carpintero tonto que construyó su casa sobre la arena. Cuando llegó la tormenta y las aguas subieron, colapsó como un castillo de naipes» (Mateo 7.24-27, paráfrasis del autor).

Es importante seguir trayendo al Señor todo lo que se va acumulando en tu vida. Incluso puedes hacer de sacar la basura real de tu casa un ejercicio espiritual: cada vez que agarres una bolsa y te dirijas a los botes de basura, revisa tu lista de lo que debes sacar de tu alma:

- ¿Te sientes abatido?
- ¿Despreciado?
- ¿Desanimado?
- ¿Qué estás reprimiendo o de qué te estás sintiendo culpable?
- ¿Qué ha estado haciendo tu alter ego últimamente?
- ¿De qué tienes miedo?

Deshazte de eso entregándoselo todo a Dios, y te sincronizarás para recibir el poder fantasma que él quiere darte.

Ahora, si me disculpan, tengo que preparar un café y encargarme de unas cajas de cartón.

Conclusión

El as de espadas

*Debo estudiar política y guerra para que mis hijos
tengan la libertad de estudiar matemáticas y filosofía.
Mis hijos deberían estudiar matemáticas, filosofía,
geografía, historia natural, arquitectura naval,
navegación, comercio y agricultura, para darles a sus
hijos el derecho de estudiar pintura, poesía, música,
arquitectura, escultura, tapicería y cerámica.*

—John Adams

En el corazón de la ciudad de Nueva York hubo una vez una imponente estatua del rey Jorge III. Es difícil imaginar tal cosa ahora, pero cuando éramos parte del Imperio británico, la estatua se colocó prominentemente en el corazón de Manhattan, y su significado era ineludible. Éramos súbditos del rey. Una descripción detallada nos dice exactamente cómo era la estatua:

> La figura del monarca era de tres metros de alto y estaba hecha de plomo y oro. Jorge III aparecía sentado en un caballo proporcional en tamaño a la estatura del rey. Monarca y

caballo estaban asentados sobre un pedestal de mármol de cinco metros de altura, compatible con el tamaño de los dos. Siguiendo el modelo de una estatua italiana del emperador romano Marco Aurelio, el escultor Joseph Wilton creador de la efigie, deseaba que pudiera «asumir metafóricamente y realmente aspirar a la sabiduría y la grandeza del antiguo líder y pensador estoico».

La estatua se encontraba afuera de donde George Washington estableció su cuartel general al comienzo de la Guerra Revolucionaria. Había trasladado el Congreso Continental a Nueva York después de que los colonos lograron expulsar a los británicos de Boston. Esperaba poder mantener el control de la ciudad, pero no pudo hacerlo, y los británicos controlarían Nueva York durante la mayor parte de la guerra.

Durante esa ocupación efímera, la ciudad estaba muy dividida. Los leales a la Corona informaban a los británicos sobre los movimientos de Washington y la ubicación de su artillería. Algunos, ante el temor de que la estatua fuera vandalizada, colocaron una cerca negra de hierro forjado alrededor para protegerla.

La Declaración de Independencia, escrita por Thomas Jefferson y firmada por el Congreso Continental, se leyó en todas las colonias. Su mensaje rápidamente se difundió alrededor del mundo. El general Washington reunió a sus ejércitos y les hizo leer el documento en voz alta. Después, estalló una gran celebración, y una multitud de soldados borrachos y patriotas exaltados se precipitaron por Broadway con la intención de derribar la estatua.

El historiador David McCullough describió así la escena: «Con cuerdas y barras, derribaron la estatua de plomo dorado de Jorge III en su colosal caballo. En su euforia, decapitaron al soberano, le cortaron la nariz, arrancaron los laureles que coronaban su cabeza y pusieron lo que quedaba de ella en una estaca fuera de una taberna». El rey Jorge III había sido destronado sin ceremonia ni miramientos.

Esta escena trascendental capta el final de una lucha de poder y la colocación legítima de la autoridad. La estatua del monarca simbolizaba quién tenía el control. Lo mismo ocurre con tu corazón: quienquiera que sea que ocupe el trono de tu corazón será quien controle tu vida.

Pensamientos idolátricos

En definitiva, la guerra de la que hemos estado hablando a lo largo de este libro es cómo eliminar la idolatría. Al fin de cuentas, todos nuestros problemas se reducen a cuestiones de adoración. Nuestra necesidad de atención nos hace valorar a otras personas más de lo que valoramos a Jesús. Nuestro amor por las cosas significa que adoramos las posesiones más que a Jesús. Nuestras audaces luchas nos hacen adorar la comodidad más que a Jesús. Y así sucesivamente.

La buena noticia es que, aun cuando la adoración te mete en este lío, también te puede sacar de ahí. Para ganar la batalla, tienes que desterrar de tu vida las cosas que se han erigido en el lugar que solo le pertenece a Dios, el lugar de preeminencia, de honor, valor y gloria. Es una batalla diaria para entronar a Dios y desterrar a las cosas que aspiran ser reyes, pero también es la única manera de quitarte de tu propio camino, para dejar de sabotearte a ti mismo, y asirte a la victoria.

Es posible que hayas visto imágenes de soldados en Vietnam con un as de espadas en sus cascos. Las tropas estadounidenses oyeron que los soldados del Viet Cong eran supersticiosos respecto al símbolo de la espada y veían como un mal presagio encontrarse con él. Así que se convirtió en una práctica común dejar un as de espadas en los cuerpos de los vietnamitas muertos e incluso llenar los terrenos boscosos y los campos con esa carta en un intento por asustarlos y evitar un tiroteo. Algunos soldados incluso escribieron a Estados Unidos pidiendo mazos de naipes que tuvieran solo el as de espadas para poder usarlos en la guerra psicológica. La adoración no solo gana la guerra: la guerra es la adoración. Es el as de espadas.

Los ídolos prometen libertad pero traen esclavitud. Nos dicen que seremos autónomos pero nos dejan temblando de miedo como Adán y Eva después de que tomaron el fruto prohibido. Al luchar contra las cosas que quieran tomar el lugar de Jesús, estarás ejerciendo la verdadera valentía de una adoración auténtica. Y cuando seas auténticamente tú y vayas humildemente siguiendo los pasos de Jesús, podrás vivir confiado. Sin miedo, ni distracción, ni depresión, ni ansiedad, ni preocupación, ni remordimientos, ni peleas, ni adicciones, ni oscuridad, ni egoísmo, ni autosabotaje, ni narcisismo, ni presa de la versión de ti mismo que no quieres ser, ni cualquier otra cosa que se interponga en tu camino y te impida crecer. Dibuja en la arena una línea, una línea carmesí trazada con la sangre de Jesús, y decide que el ciclo termina contigo. Tus hijos no tienen que heredar lo que tú heredaste de tus padres. Entrégate a la guerra para que no tengan que hacerlo ellos.

Pon atención a estas poderosas palabras que David escribió en el Salmo 91:

> El que habita al abrigo del Altísimo
> Morará bajo la sombra del Omnipotente.

Diré yo a Jehová: Esperanza mía, y castillo mío;
Mi Dios, en quien confiaré.

Él te librará del lazo del cazador,
De la peste destructora.

Con sus plumas te cubrirá,
Y debajo de sus alas estarás seguro;
Escudo y adarga es su verdad.

No temerás el terror nocturno,
Ni saeta que vuele de día,

Ni pestilencia que ande en oscuridad,
Ni mortandad que en medio del día destruya.

Caerán a tu lado mil,
Y diez mil a tu diestra;
Mas a ti no llegará.

Ciertamente con tus ojos mirarás
Y verás la recompensa de los impíos.

Porque has puesto a Jehová, que es mi esperanza,
Al Altísimo por tu habitación (Salmos 91.1-9, RVR1960).

¿Captaste el mensaje? Dios promete que si lo haces tu Dios, ¡no tienes que temer al terror nocturno! Para mí, que he luchado con el miedo toda mi vida, esto es maravillosamente liberador. Como lo relaté al comienzo de este libro, los pensamientos temerosos y los malos sueños han sido un problema para mí todos mis días. El «terror nocturno» del que habla David me ha sido una gran fuente de ansiedad y me ha robado mucha paz. Pero si «permanezco bajo la sombra del Omnipotente» y no pongo en mi corazón nada sobre Dios, el terror nocturno no podrá tocarme.

TRES LEYES DE LA SELVA

Mientras más aprendo a derribar a los impostores en mi corazón y preparar el camino en mi espíritu para el Señor, mayor ha sido la paz que he experimentado. Pero incluso en mis mejores días, mi miedo no se ha ido completamente, y no espero que se vaya hasta que llegue al cielo. ¿Cómo concuerda este concepto con la promesa de Dios en el Salmo 91?

No te pierdas lo que vas a leer a continuación porque encierra esta gran diferencia: *solo porque no tengas que temer al mal no significa que nunca sentirás miedo*. Protección no es lo mismo que exención. Lo que se te ha prometido no es la exención de un ataque, ni que nunca pasarás por malos días o pesadillas, lo que se te ha prometido más bien es protección contra lo que puedas encontrar en tu camino. Seguir a Jesús no te garantiza un asiento de palco desde donde puedas observar las cosas como se desarrollan mientras tú miras, cómodamente sentado y degustando unos bocadillos acompañados con una copa de champán. Vas a estar en el medio de la acción, tu cara se estropeará por el polvo, el sudor y la suciedad mientras afrontas la acción, sabiendo que Dios va adelante y, al mismo tiempo, guardándote las espaldas.

Tus fosas nasales se llenarán de humo y del olor cobrizo a sangre a medida que tus enemigos invisibles se acerquen lo suficiente como para hacerte sentir que estás en peligro. El apoyo espiritual que Dios provee no es una torre de marfil, una sala aséptica o un traje de burbuja sellado herméticamente; es una falange viva y activa de protección en una situación de combate de alto riesgo. Seguir a Dios significa estar en el frente de batalla sabiendo que él te respalda y está con su ojo atento sobre ti.

Podemos ver cómo se desarrolló eso en la vida de Jesús. Dios lo hizo pasar a salvo a través de las batallas que enfrentó, incluida la muerte, pero eso no significó que no haya sido atacado. Todo lo contrario; siempre contó con la oposición de sus enemigos. De hecho, su ministerio público estuvo acompañado por dos episodios extremos: la tentación en el desierto y el sufrimiento en el huerto de Getsemaní.

Marcos escribió acerca de la tentación de Jesús: «En seguida el Espíritu lo impulsó a ir al desierto, y allí fue tentado por Satanás durante cuarenta días. Estaba entre las fieras, y los ángeles le servían» (1.12, 13). Durante un período de casi seis semanas, Satanás tentó a Jesús *constantemente*, librando una batalla espiritual ininterrumpida. Durante esos días de terror en el desierto, pasaron por la cabeza de Jesús pensamientos horribles: *Deberías adorar a Satanás. Deberías arrojarte al vacío desde este edificio. Deberías renunciar a morir en la cruz.* Y (así es como sé que la encarnación fue legítima y Jesús totalmente humano) ¡*deberías abandonar tu dieta y comer carbohidratos!*

Este tipo de pensamientos roban la paz y causan terror. (Y, curiosamente, están cerca de los tipos de cosas tenebrosas que he tenido en mi mente cuando debería haber estado durmiendo). Si Jesús hubiera cedido ante ellos, se habría apartado de la ruta que Dios quería para su vida.

Casi al final de su ministerio, Jesús experimentó una profunda desesperación en el huerto de Getsemaní: «Comenzó a sentir temor y tristeza» (Marcos 14.33). Estaba tan abrumado por sus pensamientos, por toda esa escena final, que los vasos capilares en el interior de su piel explotaron y la sangre comenzó a entrar en sus glándulas sudoríparas.

¿Qué hizo Jesús en esas situaciones, cuando tuvo que cruzar el cerco de alambre de púas y levantarse de sus rodillas con el lobo que tenía en su corazón? Tres elementos clave emergen de esas dos historias.

Primero, cada vez que el diablo atacó a Jesús en el desierto, él respondió citando la Palabra de Dios. Confrontó las mentiras con la verdad, diciendo: «Escrito está, escrito está, escrito está». Esas palabras fueron sus armas de protección. Es significativo que el registro de esa interacción no dice que Jesús sacó las Escrituras y buscó el versículo más apropiado. Tenía las palabras almacenadas en la memoria. Mantener la Palabra de Dios como un centinela que protege una ciudadela te permite defender tus fronteras de manera proactiva.

Llenar tu corazón con la verdad hace que no sea un lugar apto para que resida el terror. Cuando estás empapado de alabanza y de Escrituras, el enemigo no puede consolidar su presencia en ti. El agua viva y el aceite del Espíritu Santo de Dios harán que las armas del enemigo se tornen ineficaces.

Si dejas la comida afuera, atraerá insectos. ¿Qué estás dejando afuera de tu vida que atraiga preocupación y miedo? Si estás permitiendo pensamientos negativos, si te domina el mal humor, si eres cínico, chismoso, si tienes la mentalidad del vaso medio vacío, si eres egoísta, orgulloso, todas esas cosas son obras de la carne. El terror toma posesión de ellas y nunca lo satisfarán.

Olvídate de las cosas de las que se alimenta el terror. No le des de comer a ese lobo y alimenta tu espíritu. La Escritura refuerza el cerco y priva al enemigo de alimento.

Segundo, cuando Jesús estaba bajo los efectos del terror nocturno, le dijo a Dios qué era lo que le producía temor. Fue sobre sus rodillas y le dijo a su Padre: *Tengo miedo de la misión que me diste que hiciera. Sé que quieres que la lleve a cabo, pero me tiene aterrorizado. ¿Podrías conseguir a alguien más? ¿No habría otra forma?*

Al miedo lo llamó por su nombre y, mientras lo denunciaba, se distanciaba de él. El enemigo quiere aislarte en un círculo de soledad, dando vueltas y vueltas en tu mente. Lo que él quiere es que mantengas tu miedo en secreto y en silencio de modo que pueda sofocarte y robarte la paz. Sin embargo, en el momento en que llevas ese miedo a Dios, todo cambia; cae la luz sobre él y has hecho que se postre a los pies del Padre, donde no tiene otra posibilidad que mirarlo con terror.

¿Se irá lo que temes? A veces sí. Tal vez ores, y ¡boom! Milagro instantáneo. En el caso de Jesús, Dios no cambió su plan, pero Jesús pudo enfrentar la cruz con la ayuda de Dios. Esa es la manera de orar: cuéntale a Dios tus miedos pero en una actitud que diga: «No se cumpla mi voluntad, sino la tuya» (Lucas 22.42).

Finalmente, Jesús despertó a sus amigos. Caminó diez pasos hacia donde los discípulos estaban durmiendo y dijo, en efecto: «Oigan, Pedro, Jacobo, Juan, estoy asustado ahora y me siento realmente solo. ¿Sería mucho pedirles que me acompañen en este momento? He estado orando, pero ¿podrían ustedes hacer una pequeña oración por mí también?» (Mateo 26.36-41, paráfrasis del autor). Jesús obviamente entendía el poder de la manada de lobos.

¿Sabes cuánta fuerza se produce cuando hay personas que oran por ti? Cuando éramos niños, despertábamos a nuestros padres si teníamos pesadillas. Pero en algún momento del trayecto de la vida, dejamos de decir que teníamos miedo. Si el Hijo de Dios supo despertar a un par de amigos y pedirles que oraran por él, ¿por qué estás viviendo tú una pesadilla sin decírselo a nadie? ¿Estás llenándote de miedo porque no tienes a alguien que se despierte para orar por ti si sabe por lo que estás pasando? Tener gente a tu alrededor que ore por ti puede literalmente salvarte la vida. Un estudio encontró que experimentar tres o más situaciones de estrés extremo dentro de un año (problemas financieros serios, ser despedido, un divorcio) triplica la tasa de mortalidad en hombres de mediana edad socialmente aislados, pero no en hombres que tienen muchas relaciones cercanas. Como escribió Rudyard Kipling: «La fuerza de la manada es el lobo y la fuerza del lobo es la manada».

Experimenté el poder de la vida y la muerte de la amistad mucho antes de mi mediana edad. Cuando era estudiante de primer año de universidad y acababa de entregar mi vida a Jesús, pasé por un período tan oscuro con pensamientos de autoflagelación que llegué a enfermarme del estómago. No era que *quisiera* suicidarme; solo que mis pensamientos me decían que *iba* a hacerlo.

Una noche, cuando estaba solo en casa, no pude dejar de pensar: *Te vas a suicidar. Te vas a suicidar. Te vas a suicidar.* Intenté orar y pedirle a Dios que me ayudara. Finalmente, llamé a uno de mis líderes del grupo de jóvenes y le conté lo que me estaba pasando.

«Una fuerza oscura me está asfixiando con pensamientos en cuanto a que me voy a quitar la vida con mis propias manos y no sé qué hacer. Estoy aterrorizado; siento como si el enemigo me quisiera tragar». Comencé a sollozar. Muchas veces quise contarle esa experiencia a alguien pero nunca lo hice por temor a que se creyera que había hecho algo malo. Sin embargo, cuando pude compartir esos miedos con otra persona, sentí un alivio maravilloso.

El líder que vino en mi ayuda de inmediato se dio cuenta de que me encontraba bajo un ataque espiritual; así que pronunció palabras llenas de vida sobre mí, sobre mi futuro y oró por mí. Luego me dio dos pasajes de las Escrituras y me dijo que los memorizara; que los repitiera una y otra vez cada vez que surgiera ese tipo de pensamientos:

> Al de carácter firme lo guardarás en perfecta paz,
> porque en ti confía (Isaías 26.3).

«Hoy pongo al cielo y a la tierra por testigos contra ti, de que te he dado a elegir entre la vida y la muerte, entre la bendición y la maldición. Elige, pues, la vida, para que vivan tú y tus descendientes. Ama al SEÑOR tu Dios, obedécelo y sé fiel a él, porque de él depende tu vida, y por él vivirás mucho tiempo en el territorio que juró dar a tus antepasados Abraham, Isaac y Jacob» (Deuteronomio 30.19, 20).

Recibir esos versículos fue como agarrar un salvavidas mientras me ahogaba. Por años, fueron mi defensa cuando estaba bajo un fuerte ataque.

Por esa época también descubrí cómo usar la adoración para controlar la atmósfera que me rodeaba. Descubrí que no podía dormirme sin escuchar una canción del grupo *Delirious?*: *What a Friend I've Found* de su álbum *Live & In the Can.* Ponía esa canción repetidas veces y daba rienda suelta a las palabras de las Escrituras en mi mente. En estos días, mi hija menor, Clover, ha estado luchando con pesadillas, y ha encontrado consuelo al entonar la canción *Tremble*, de Mosaic *MSC,* mientras se acurruca con su mantita negra.

Los pensamientos no se pueden borrar pero sí pueden reemplazarse. Tendrás que crear una nueva pista para la banda sonora de tu vida y hacer que ella cante alabanzas. Que adore. Con fe, no con miedo, porque el miedo es fe en el enemigo.

Ahora que sé qué hacer en el momento en que aparecen los pensamientos intrusos, me doy cuenta de que no han sido tan intensos. De vez en cuando tengo ataques de miedo, especialmente en momentos cruciales cuando Dios está a punto de hacer algo grandioso. Mi ansiedad fue extrema la semana antes de que mi hija Lenya fuera llevada al cielo. Creo que muchas personas estaban listas para conocer a Jesús a través de las formas en que Dios subía el volumen de nuestras vidas mediante el micrófono llamado dolor. También lo fue algunas semanas antes de que abriéramos un campus de nuestra iglesia *Fresh Life* en Salt Lake City. Y de nuevo fue horrible en 2017 cuando volé a Atlanta para hablar a estudiantes universitarios de todo el país en la conferencia de Semana Santa en el Georgia Dome.

Mi esposa es quien me mantiene cabalgando. La despierto cuando tengo miedo y ella hace lo mismo conmigo. Nunca nos permitimos sufrir solos. Se sabe que los lobos regurgitan intencionalmente ciervos o alces o lo que sea que hayan comido con el fin de alimentar a los miembros viejos, jóvenes o heridos de la manada que no pueden salir a cazar por sí mismos. Es crucial que le hagas saber a los demás que estás sufriendo para que puedan ser fuertes donde tú eres débil.

Usa las Escrituras; cuéntale a Dios acerca de tu miedo; despierta a la gente. Esas son las tres cosas modeladas para nosotros por Jesús. Han salvado mi vida y pueden hacer lo mismo por ti.

LA MEJOR DEFENSA ES UN BUEN ATAQUE

Defenderse del mal es importante, pero cuando llega el momento oscuro, no debes olvidar desquitarte en una forma apropiada.

He escrito este libro como una excusa para decirte esto: cuando el diablo se mete contigo, comete un gran error. Porque cada vez que pelea contra algo, hace alarde de ello para que tú puedas ver lo que a él le interesa que veas.

La única razón por la que el enemigo vendría contra ti es porque sabe que vales; la única razón por la que trata de forzarte a pensar cosas como: *No valgo nada* o *Nadie me quiere tener en su equipo* o *Nunca voy a ser un ganador* o *Apesto* es porque *no es verdad* y quiere sacarte del camino de grandeza que Dios te ha dado.

Es porque vales mucho que él intenta hacerte sentir que no vales nada. Es porque has sido hecho para la vida que trata y sugiere que elijas la muerte. Cada vez que dice lo que dice es todo lo contrario, porque es un mentiroso. Jesús sabía esto. *Si Satanás me dice que me arroje desde lo alto del templo, no lo voy a hacer. Si me dice que caiga a sus pies y lo adore y no voy a ir a la cruz, me erguiré e iré a la cruz. «Pondré mi rostro como un pedernal» hacia Jerusalén* (Isaías 50.7).

Si Satanás me dice que me va a dar todo en un momento, de modo que pueda tener una satisfacción instantánea sin tener que esperar a que Dios me dé lo que quiere darme, no voy a escucharlo. Si me dice que tome un atajo, voy a seguir por el camino difícil.

El diablo se opone a lo que le teme. Así que deja que tu miedo te ayude a detectar lo que él intenta extinguir; que sea un instrumento de diagnóstico que determine tu llamado.

Levántate y haz exactamente lo que el diablo no quiere que hagas. No te rindas. Que no te tome sin pelear. En jujitsu se usa la fuerza y la energía del oponente contra él. Del mismo modo, cuando experimentes el terror en la oscuridad, conviértete en una fuente de terror para el reino de las tinieblas. Ese es terror jitsu.

Literalmente, yo he dicho en voz alta: «Parece que el enemigo no quiere que hagamos esto. Así es que, hagámoslo. Y no solo eso, sino que también hagamos esto otro».

Tú has sido elegido. Has sido amado, llamado y equipado. Eres parte del linaje espiritual de Abraham, Isaac y Jacob. Has sido hecho para habitar en la tierra y alimentarte de su fidelidad. Debes mostrarles vida a las personas que están sufriendo. Alentar a los que están cansados y dar el pan de la vida a los que tienen hambre. Debes ser pionero y crear, dirigir, diseñar, inventar, cantar, bailar y escribir. Si caes, te volverás a levantar; aprenderás de tus errores y te harás sabio, fuerte y valiente. Cuando termine tu tiempo aquí en la tierra, deberás dejar un legado que resonará a través de las edades y alcanzará a miles en la eternidad.

Cuando el enemigo intente acercarse a ti para sofocarte, levántate con fe y haz lo que sea que intente que no hagas con el doble de resolución y diez veces de determinación, confiando en el poder del Espíritu Santo. Cuando sientas que te asaltan pensamientos ansiosos, preocupaciones y guerras espirituales, y sientas la presión de tus compañeros del mundo, y tu mente te diga que hay ardillas corriendo por tu estómago, no retrocedas ni te doblegues. Hay personas a tu alrededor a las que hay que prestar atención y, si lo haces, en lugar de querer que el mundo se preocupe por ti, aprovecharás las cosas que Dios puso dentro de ti, que has descuidado. Cuando los estadounidenses echaron abajo la enorme estatua del rey Jorge III en Manhattan, se divirtieron con ella mientras celebraban su recién declarada independencia. Como no les pertenecía, era justo que se la devolvieran a los británicos, así que eso es exactamente lo que hicieron: la fundieron, el plomo lo convirtieron en balas y se la devolvieron en forma de balas de mosquete; una por una.

No subestimes las fortalezas ni los ídolos sobre los cuales Jesús te da el poder para combatir. Derrite lo que se ha derribado y conviértelo en municiones que puedas disparar contra las líneas enemigas.

♣ ♥ ♦ ♠

Debo admitir que estoy un poco aturdido sabiendo que nuestro tiempo se acabó, y mientras te entrego tu casco de guerra (con un as de espadas adherido a él para que tengas buena suerte), quiero que sepas cuánto me ha alegrado compartir todo esto contigo. Pasé el cerco de alambre de púas para obtener esta información para ti, ahora tú también debes atravesarlo. El libro ha terminado, pero tu misión acaba de comenzar. Yo no puedo librar esta batalla por ti, pero estaré aquí cada vez que necesites abrir este libro y quieras volver a revisarlo. Este es un viaje que debes estar dispuesto a hacer por ti mismo. Creo en ti, en la versión de ti para la que naciste. Tú puedes hacerlo. No será fácil ni rápido ni sin dolor, pero *podrás* hacerlo.

Un último consejo antes de que te vayas: un entrenador de boxeo explicó una vez la diferencia entre un *cross* (o cruz, en español, que es un golpe duro y directo) y un *jab* (un golpe rápido y liviano que es más molesto que perjudicial). Y dijo algo que creo que hará que asumas la actitud correcta mientras te alzas como el lobo guerrero ideado cuando fuiste creado: «El *jab* los mantiene ocupados, pero en *la cruz* está tu poder».

AGRADECIMIENTOS

El famoso astronauta John Glenn dijo una vez: «Llegué a la luna, pero ayudado por 400.000 personas de la NASA; de modo que el viaje lo hicimos entre todos». Eso es lo que siento por este libro. Sí, yo era el de los lentes pasados de moda, con la mirada fija en las teclas de la computadora tratando de no sucumbir a la parálisis que surge cuando uno piensa demasiado. Pero el equipo que me apoyó es enorme, por lo que estoy sumamente agradecido. El trabajo lo hicimos entre todos.

Cada vez que dedicaba tiempo a escribir este libro usaba como fondo musical el álbum *808s and Heartbreak,* de Kanye West. Ese álbum se convirtió en la alarma que le decía a mi primitivo cerebro que saliera de su rutina para que mi propio yo, siempre temeroso, tomara el control. Gracias, Kanye, por un disco verdaderamente extraordinario.

Gracias a ti, Lysa TerKeurst, y a tu increíble grupo, por la valiosa respuesta sobre el manuscrito y la preciada sabiduría que han impartido con tanta generosidad a nuestro equipo. Aunque Fleah fue el peor, los amamos a todos con locura. Este libro, sin duda, mejoró mucho gracias al tiempo que pasamos juntos; eso es un hecho.

Gracias a cada uno de los miembros de la congregación Fresh Life que han participado activamente en este proyecto —Alie, Amanda, Chelsea, Elisha, Katelyn, Mckenzie— pero, en un sentido más amplio, gracias a todo el personal de Fresh Life y al equipo de impacto por acompañarnos en el frente de batalla. Qué gran vida tenemos por delante, qué clase de Salvador al que servimos.

Gracias, Austin, por tu amistad y por ser un agente verdaderamente maravilloso. Creíste en esta obra desde el principio y has sido un aliado muy leal, sensato y consecuente en esta especial y asombrosa aventura literaria, te aprecio.

Gracias, Meaghan, por otro excelente trabajo editorial. Las palabras ausentes en este libro hacen que las presentes sean más fuertes. Mataste algunas de mis preferidas en ese obeso manuscrito —de más de 70.000 palabras— transformado en la esbelta y compacta superamable presentación actual; pero gracias por ayudar al lector, como dijo Jennie: «Alguien tiene que hacerlo».

Gracias, Debbie y todo el equipo de W, por su espíritu, pasión y constante creencia en mis escritos. Gracias por tomarlo como de ustedes. Kristi, cuando quieras puedes trabajar *ad honorem* en Fresh Life. Daisy, no nos hemos conocido en persona; pero si eres real, gracias a ti también. Si no, por favor ignóralo. De todos modos, por correo electrónico pareces superamable, así que si no eres real, eso es aun más impresionante.

Gracias a todos ustedes: Jennie, Alivia, Lenya, Daisy, Clover y a Lennox, mi gente. Aunque han tenido más encuentros con «Malo» —alias el yo que no quiero ser— que nadie y, aun así sorprendentemente, me aguantan. Nunca los entenderé. Pero los amo. Ustedes son mi hogar. Gracias por aguantar la mirada vidriosa y brumosa en mi rostro al intentar hablar conmigo mientras estoy escribiendo. Tabasco, gracias por acompañarme en las sesiones matutinas de escritura.

Gracias, Jesús, por ser el Rey de mi corazón y eliminar todas las cartas que mi carne, el diablo y el mundo me lanzan. Gracias por llamar tesoro a un «cara de ratón» como yo; por brindarme un futuro y una esperanza. Me honra que me confíes tu poder y el privilegio de llevar este mensaje.

Apéndice A

Versículos para memorizar

A continuación podrás encontrar algunos pasajes extraordinarios para cuando necesites librarte de pensamientos problemáticos. Te inundarán con paz y echarán de tu mente todo lo que estás queriendo eliminar de la misma manera que verter agua en una jarra hace que el aire salga de ella.

El amor debe ser sincero. Aborrezcan el mal; aférrense al bien. Ámense los unos a los otros con amor fraternal, respetándose y honrándose mutuamente. Nunca dejen de ser diligentes; antes bien, sirvan al Señor con el fervor que da el Espíritu. Alégrense en la esperanza, muestren paciencia en el sufrimiento, perseveren en la oración (Romanos 12.9-12).

El amor es paciente, es bondadoso. El amor no es envidioso ni jactancioso ni orgulloso. No se comporta con rudeza, no es egoísta, no se enoja fácilmente, no guarda rencor. El amor no se deleita en la maldad, sino que se regocija con la verdad. Todo lo disculpa, todo lo cree, todo lo espera, todo lo soporta (1 Corintios 13.4-7).

En cambio, el fruto del Espíritu es amor, alegría, paz, paciencia, amabilidad, bondad, fidelidad, humildad y dominio propio. No hay ley que condene estas cosas. Los que son de Cristo Jesús han crucificado la naturaleza pecaminosa, con sus pasiones y deseos (Gálatas 5.22-24).

Porque donde hay envidias y rivalidades, también hay confusión y toda clase de acciones malvadas. En cambio, la sabiduría que desciende del cielo es ante todo pura, y además pacífica, bondadosa, dócil, llena de compasión y de buenos frutos, imparcial y sincera. En fin, el fruto de la justicia se siembra en paz para los que hacen la paz (Santiago 3.16-18).

Oh Dios, tú eres mi Dios;
   yo te busco intensamente.
Mi alma tiene sed de ti;
   todo mi ser te anhela,
     cual tierra seca, extenuada y sedienta.

Te he visto en el santuario
   y he contemplado tu poder y tu gloria.
Tu amor es mejor que la vida;
   por eso mis labios te alabarán.
Te bendeciré mientras viva,
   y alzando mis manos te invocaré.

Mi alma quedará satisfecha
   como de un suculento banquete,
y con labios jubilosos
   te alabará mi boca.

En mi lecho me acuerdo de ti;
   pienso en ti toda la noche.
A la sombra de tus alas cantaré,
   porque tú eres mi ayuda.
Mi alma se aferra a ti;
   tu mano derecha me sostiene (Salmos 63.1-8).

Precisamente por eso, esfuércense por añadir a su fe, virtud; a su virtud, entendimiento; al entendimiento, dominio propio; al dominio propio, constancia; a la constancia, devoción a Dios; a la devoción a Dios, afecto fraternal; y al afecto fraternal, amor. Porque estas cualidades, si abundan en ustedes, los harán crecer en el conocimiento de nuestro Señor Jesucristo, y evitarán que sean inútiles e improductivos (2 Pedro 1.5-8).

Por último, fortalézcanse con el gran poder del Señor. Pónganse toda la armadura de Dios para que puedan hacer frente a las artimañas del diablo. Porque nuestra lucha no es contra seres humanos, sino contra poderes, contra autoridades, contra potestades que dominan este mundo de tinieblas, contra fuerzas espirituales malignas en las regiones celestiales. Por lo tanto, pónganse toda la armadura de Dios, para que cuando llegue el día malo puedan resistir hasta el fin con firmeza. Manténganse firmes, ceñidos con el cinturón de la verdad, protegidos por la coraza de justicia, y calzados con la disposición de proclamar el evangelio de la paz. Además de todo esto, tomen el escudo de la fe, con el cual pueden apagar todas las flechas encendidas del maligno. Tomen el casco de la salvación y la espada del Espíritu, que es la palabra de Dios. Oren en el Espíritu en todo momento, con peticiones y ruegos. Manténganse alerta y perseveren en oración por todos los santos (Efesios 6.10-18).

Es cierto que ustedes viven en obediencia, lo que es bien conocido de todos y me alegra mucho; pero quiero que sean sagaces para el bien e inocentes para el mal. Muy pronto el Dios de paz aplastará a Satanás bajo los pies de ustedes. Que la gracia de nuestro Señor Jesús sea con ustedes (Romanos 16.19, 20).

¿Acaso no creemos que Jesús murió y resucitó? Así también Dios resucitará con Jesús a los que han muerto en unión con él. Conforme a lo dicho por el Señor, afirmamos que nosotros, los que estemos vivos y hayamos quedado hasta la venida del Señor, de ninguna manera nos adelantaremos a los que hayan muerto. El Señor mismo descenderá del cielo con voz de mando, con voz de arcángel y con trompeta de Dios, y los muertos en Cristo resucitarán primero. Luego los que estemos vivos, los que hayamos quedado, seremos arrebatados junto con ellos en las nubes para encontrarnos con el Señor en el aire. Y así estaremos con el Señor para siempre. Por lo tanto, anímense unos a otros con estas palabras (1 Tesalonicenses 4.14-18).

> El Señor es mi pastor, nada me falta;
> en verdes pastos me hace descansar.
> Junto a tranquilas aguas me conduce;
> me infunde nuevas fuerzas.

Me guía por sendas de justicia
  por amor a su nombre.

Aun si voy por valles tenebrosos,
  no temo peligro alguno
  porque tú estás a mi lado;
  tu vara de pastor me reconforta.

Dispones ante mí un banquete
  en presencia de mis enemigos.
Has ungido con perfume mi cabeza;
  has llenado mi copa a rebosar.
La bondad y el amor me seguirán
  todos los días de mi vida;
y en la casa del Señor
  habitaré para siempre (Salmos 23.1-6).

«No se angustien. Confíen en Dios, y confíen también
en mí. En el hogar de mi Padre hay muchas viviendas;
si no fuera así, ya se lo habría dicho a ustedes. Voy
a prepararles un lugar. Y, si me voy y se lo preparo,
vendré para llevármelos conmigo. Así ustedes estarán
donde yo esté. Ustedes ya conocen el camino para ir
adonde yo voy» (Juan 14.1-4).

APÉNDICE B

COMPENDIO DE CHISMES INÚTILES

Sea que estés conversando en una fiesta o tratando de ganar un concurso de preguntas —como el famoso *Jeopardy*— o jugando Trivia, seguro que los consejos y sugerencias que te brindo a continuación te ayudarán mucho. Es más, son un recordatorio divertido de todas las cosas que hemos tratado.

* Datos del lobo
    * Los lobos son sensibles al bostezo contagioso, lo que se cree que está vinculado a la empatía.
    * Aun cuando son depredadores superiores, tienen la extraña conducta de criar cachorros de lobo huérfanos y de considerar a los ancianos en su sociedad.
    * Se sabe que los lobos vomitan lo que han matado para alimentar a los miembros viejos, jóvenes o heridos de la manada que no pueden cazar por sí mismos.

* Datos del espacio
    * La Estación Espacial Internacional (EEI) viaja a 27.000 kilómetros por hora u ocho kilómetros por segundo.
    * La EEI dista entre trescientos a cuatrocientos kilómetros de la superficie terrestre.

- Los astronautas en la EEI observan dieciséis amaneceres y puestas de sol en un día a través de una enorme ventana.
- Un transbordador espacial consume más combustible en el despegue que en el resto del vuelo.
- Las personas tienen en promedio quinientos pensamientos involuntarios en un lapso diario de dieciséis horas, cada uno con un promedio de catorce segundos.
- La especie más grande de lagarto que existe, el dragón de Komodo, es capaz de matar cerdos y vacas con su veneno.
- Las últimas palabras de Steve Jobs fueron: «Oh, guau. Oh, guau. Oh, guau».
- Se necesitan setenta y dos músculos para emitir palabra.
- En promedio, hablas dieciséis mil palabras por día, lo que suma la friolera de 860.3 millones de palabras en toda tu vida.
- Debido a una apuesta con su editor, el doctor Seuss escribió su obra, *Huevos verdes con jamón,* con solo cincuenta palabras.
- El ruido que produce una multitud tiene un impacto fácilmente verificable en el juego; por cada diez mil aficionados gritando, un equipo consigue una ventaja adicional de 0.1 goles.
- Hechos citados del libro *Inteligencia emocional cotidiana*
  - Ser receptor de un trato grosero reduce la creatividad en un treinta por ciento y la originalidad en un veinticinco por ciento.
  - Aquellos que observan un comportamiento deficiente son veinte por ciento peor que los demás resolviendo crucigramas.
  - La variedad de habilidades emocionales que tenemos

queda relativamente establecida a mediados de los veinte años, y las conductas que las acompañan, en ese tiempo, ya son hábitos profundamente arraigados.

- Cuando escuchamos una historia, nuestros cuerpos liberan cortisol, una hormona del estrés que no se elimina de nuestro sistema hasta que haya una resolución.
- Nuestros cerebros reconocen la estructura —de principio a fin— de una historia y nos recompensan por aclarar cualquier ambigüedad. Obtenemos una recompensa de dopamina cada vez que nuestros cerebros nos ayudan a entender algo en nuestro mundo, aun cuando esa explicación sea incompleta o incorrecta.
- Datos de las redes sociales
  - Los estadounidenses gastan hasta cinco horas al día con el teléfono que, al mes, suman 150 horas y casi 14 años a lo largo de la vida.
  - Recibimos la misma respuesta de dopamina con los «me gusta» —en los textos, notificaciones y correos electrónicos que recibimos— que con los juegos de azar.
  - Los expertos admitieron prácticas tales como contener los "me gusta" hasta que los algoritmos indicaran que es más probable que pases un buen período de tiempo conectado.
- Alrededor del cuarenta y cinco por ciento de lo que hacemos a diario son hábitos.
- Datos de Thomas Jefferson
  - Fue abogado, agrimensor, meteorólogo apasionado, botánico, agrónomo, arqueólogo, paleontólogo, etnólogo nativo americano, clasicista y arquitecto brillante.

- Escribió la Declaración de Independencia a los treinta y tres años.
- Los que se comprometen con sus objetivos y los escriben en papel son cuarenta y dos por ciento más propensos a alcanzarlos y ganan nueve veces más en sus vidas que las personas que no lo hacen.
- El físico Hans van Leeuwen descubrió que cada vez que un dominó cae, genera una fuerza dos veces mayor, suficiente para derribar otro dominó más grande.
- El récord mundial para el número de pliegues de una hoja de papel es doce.
- El veinte por ciento de todo el oxígeno que respiras va al cerebro.
- Cuando tu corazón esté latiendo a aproximadamente ciento veinte latidos por minuto, no estarás muy consciente. A ciento cincuenta latidos por minuto, tu mente se apaga.
- La energía nerviosa casi siempre hace que te encorves, contraigas la barbilla, pongas tus manos en el cuello o cruces los brazos. Todo eso genera más nerviosismo debido a la liberación de cortisol (estrés) en tu sistema. Sin embargo, poner las manos en las caderas o alzarlas en el aire hace que tu cuerpo libere testosterona y tus niveles de cortisol pueden disminuir hasta en un veinticinco por ciento.
- Tener tres o más incidentes demasiado estresantes en un año (por ejemplo, serios problemas financieros, perder el empleo o divorciarse) triplica la tasa de mortalidad en hombres socialmente aislados de mediana edad, pero no tiene impacto alguno en la tasa de mortalidad de los hombres que tienen muchas relaciones cercanas.

ℕOTAS

INTRODUCCIÓN

XV «**Prepararse para la guerra**»: «From George Washington to the United States Senate and House of Representatives, 8 January 1790», Founders Online, National Archives, 1 febrero 2018, http://founders.archives.gov/documents/Washington/05-04-02-0361.

XXII «**poder de gozo en la batalla**»: Theodore Roosevelt, «A Colonial Survival», *The Cosmopolitan* 14 (noviembre 1892-abril 1893), p. 232.

XXIII «**se convirtió en el soldado más impresionante**»: Edmund Morris, *The Rise of Theodore Roosevelt*, (1979; reimpr., Nueva York: Random House, 2001), p. 674.

XXIII «**En el momento en que uno se compromete**»: William Hutchison Murrary, *The Scotting Himalayan Expedition* (Londres: J. M. Dent, 151), p. 7.

CAPÍTULO 1: EL LOBO QUE NUNCA SUPISTE QUE QUERÍAS SER

3 «**Quiero estar solo**»: Paul Lester, «From the Bedroom to the Universe», *Melody Maker*, 23 octubre 1993, p. 29.

14 **un lobo**: Juan 10.12.

14 **un ángel de luz**: 2 Corintios 11.14.

14 **una serpiente**: Génesis 3; Apocalipsis 12.9; 20.2.

14 **un león rugiente**: 1 Pedro 5.8.

14 **astutos como serpientes**: Mateo 10.16.

14 **susceptible al bostezo contagioso**: Helen Thompson, «Yawning Spreads Like a Plague in Wolves», Smithsonian.com, 27 august 2014, https://www.smithsonianmag.com/science-nature/yawning-spread-plague-wolves-180952484/.

15 «Cuidan a sus cachorros»: Jim y Jamie Dutcher, *The Wisdom of Wolves: Lessons from the Sawtooth Pack* (Washington D. C.: National Geographic, 2018), pp. 20-21.

CAPÍTULO 2: ¿(+) o (−)?

23 «Oye mamá, hoy es primero de octubre»: Julian Treasure, «How to Speak So That People Want to Listen», TEDGlobal 2013, Edinburgo, Escocia, junio 2013, https://www.ted.com/talks/julian_treasure_how_to_speak_so_that_people_want_to_listen/transcript?language=en.

23 «La fe de Billy era más una "fe a pesar de"»: Hanspeter Nüesch, *Ruth y Billy Graham: The Legacy of a Couple* (Grand Rapids: Vida, 2012), p. 193, [*El legado de una pareja* (Barcelona, Editorial Clie, 2016)].

24 «Hay quienes te menosprecian»: Nüesch, *Ruth and Billy Graham*, p. 194, [*El legado de una pareja* (Barcelona, Editorial Clie, 2016)].

28 «Me alegra el hecho de que cuando Dios describe»: Charles Swindoll, *Elijah: A Man of Heroism and Humility* (Nashville: Thomas Nelson, 2000), p. 111 [*Elías: Un hombre de heroísmo y humildad* (El Paso, Texas: Baptist Spanish Publishing House, 2010)].

29 «Antes de la batalla física»: *Kung Fu Panda 3*, dirigida por Alessandro Carloni y Jennifer Yuh Nelson (20th Century Fox Home Entertainment, 2016), DVD.

31 «tenemos enemigos»: Víctor Hugo, «Villemain» (1848), en *The Works of Victor Hugo*, vol. 14, (s. n.: Jenson Society, 1907), p. 67 [*Obras completas de Víctor Hugo* (Buenos Aires, Editorial Aguilar, 2004)].

32 Fue el mejor de los tiempos»: Charles Dickens, *Historia de dos ciudades* (Madrid, Editorial Cátedra, 2006), p. 1.

32 En el libro *Extreme Ownership*: Jocko Willink y Leif Babin, *Extreme Ownership: How US Navy SEALs Lead and Win* (Nueva York: St. Martin's Press, 2015), p. 199.

35 «Sabríamos que los acordes mayores son dulces»: Anónimo, *New York Observer* 84, 29 noviembre 1906, p. 713.

36 más de dos tercios de los estadounidenses: Centro Nacional para las Estadísticas de la Salud, *Health, United States, 2016: With Chartbook on Long-Term Trends in Health* (Hyattsville, MD, 2017), https://www.cdc.gov/nchs/data/hus/hus16.pdf#053.

36 La generación más endeudada: Brené Brown, «The Power of Vulnerability», TEDxHouston, Houston, TX, junio 2010, https://www.ted.com/talks/brene_brown_on_vulnerability.

CAPÍTULO 3: CON EL TSA EN LA MENTE

37 «La perfección no se alcanza cuando»: Antoine de Saint Exupéry, *Tierra de Hombres* (1939).

41 «La mente lleva en sí misma su propia morada»: John Milton, *El paraíso perdido*, libro. 1, versos 233–34.

43 «Un estudio de la década de 1980»: Jena E. Pincott, «Wicked Thoughts», *Psychology Today*, 1 septiembre 2015, https://www.psychologytoday.com/articles/201509/wicked-thoughts.

45 «Los pensamientos son como los trenes»: Kevin Gerald, *Mind Monsters: Conquering Fear, Worry, Guilt, and Other Negative Thoughts That Work Against You* (Lake Mary, FL: Charisma House, 2012), p. 5.

46 « no te elijo a ti»: si no entiendes la referencia, por favor ver: https://www.youtube.com/watch?v=eWuAIS7Vs_M.

47 «Es mil veces mejor errar»: Theodore Roosevelt, *Administration—Civil Service* (Nueva York: Putnam, 1902), p. 146.

CAPÍTULO 4: EL SECRETO DE UNA VIDA MISERABLE

51 «Cuán grande sería tu vida»: G. K. Chesterton, en *Ortodoxia*, (México D.F., Editorial Porrúa, 1998), p. 12.

54 **para la mayoría de los estadounidenses pasar por la escuela intermedia es el peor:** Samantha Zabell, «Sorry, Parents: Middle School Is Scientifically the Worst», *Real Simple*, 25 enero 2016, https://www.realsimple.com/work-life/family/kids-parenting/middle-school-worst-age-study.

59 **«La preocupación principal de la vida spiritual»:** Eugene Peterson, *Leap Over a Wall: Earthy Spirituality for Everyday Christians* (San Francisco: HarperSanFrancisco, 1997), p. 99.

60 **«No podemos adormecer selectivamente las emociones»:** Brené Brown, *The Gifts of Imperfection: Let Go of Who You're Supposed to Be and Embrace Who You Are* (Center City, MN: Hazelden, 2010), p. 70, *[Los dones de la imperfección (Buenos Aires, Aguilar, 2014)]*.

61 **«La honestidad es la tierra»,** *Donald Miller,:Scary Close: Dropping the Act and Finding True Intimacy* (Nashville: Nelson Books, 2014), *p. 168 [Aterradora cercanía: Cómo encontrar la verdadera intimidad,* (Pensilvania, Whitaker House, 2018)]*.

61 **«Oh! ¡Qué enmarañada red tejemos:** Walter Scott, *Marmion* (Cambridge: Riverside Press, 1896), canto 6, líneas 532–33.

66 **«Dios no hará que su trabajo»:** Ralph Waldo Emerson, *Ensayo de Confianza en uno mismo* (Biblioteca Humanismo en Europa.Org, Madrid), p. 11.

CAPÍTULO 5: MIDE TUS PALABRAS

77 **«Bien, la tienda de imbéciles llamó»:** *Seinfeld,* temporada 8, episodio 13, «El regreso», dirigido por David Owen Trainor, escrito por Gregg Kavet y Andy Robin, presentando a Jerry Seinfeld y Jason Alexander, transmitido el 30 de enero, 1997, en NBC.

77 **Orville Wright... estaba desconsolado:** Nsikan Akpan, «8 Things You Didn't Know About Orville Wright," *Science*, 20 Agosto 2015, https://www.pbs.org/newshour/science/8-things-didnt-know-orville-wright.

84 «Solo lamento tener solo una vida»: David McCullough, *1776* (Nueva York: Simon & Schuster, 2005), loc. 3568–3572, Kindle.

84 «¡Sargento, la bala española»: Mike Coppock, «Rough Ride: On San Juan Hill That July Morning, Disaster, Death, and Glory Were Just a Shot Away», *American History*, n.o 6, 2018, p. 39.

84 «Veo que la tierra retrocede»: Greg Laurie, *Finding Hope in the Last Words of Jesus* (Grand Rapids: Baker Books, 2009), p. 9.

84 «Oh, guau»: Mona Simpson, «A Sister's Eulogy for Steve Jobs», *New York Times*, 30 octubre 2011, https://www. nytimes.com/2011/10/30/opinion/mona-simpsons-eulogy-for-steve-jobs.html.

86 se necesita la participación de setenta y dos músculos: «Human Facts, ScienceFacts, http://www.science-facts.com/quick-facts/amazing-human-facts/».

86 dieciséis mil palabras: Richard Knox, «Study: Men Talk Just as Much as Women», NPR, 5 julio, 2007 https://www.npr.org/templates/story/story.php?storyId=11762186.

86 860.3 millones en una vida: Alexander Atkins, «How Many Words Does the Average Person Speak in a Lifetime?», Atkins Bookshelf, 7 mayo 2014, https://atkinsbookshelf.blog/tag/how-many-words-does-the-average-person-speak-in-their-lifetime/.

CAPÍTULO 6: SI TÚ LO DICES

87 «Lo que más le interesa a Dios es bendecir»: Eugene H. Peterson, *As Kingfishers Catch Fire: A Conversation on the Ways of God Formed by the Words of God* (Colorado Springs: Waterbrook, 2017), p. 47.

95 «Las puertas del infierno están cerradas»: C. S. Lewis, *El problema del dolor* (Madrid, Rayo, 2006), p. 54.

98 Escribió *The Cat in the Hat: Austin Kleon*, *Steal Like an Artist: 10 Things Nobody Told You About Being Creative* (Nueva York: Workman, 2012), p. 138. [*Roba como un artista, las ideas no se crean, se copian* (Buenos Aires, Aguilar, 2012)].

99 **Un investigador de la Universidad de Harvard:** «Study Reveals Referees' Home Bias», *BBC News*, 6 mayo 2007, http://news.bbc.co.uk/2/hi/uk_news/england/6629397.stm.

100 **«No puede haber predicación»:** William Barclay, *The Gospel of Mark*, ed. rev. (Filadelfia: Westminster, 1975), p. 140. [*El Evangelio según San Marcos* (Barcelona, Editorial Clie, 1995)].

CAPÍTULO 7: SER GROSERO TIENE UN COSTO

105 **«Si quieres miel»:** Dale Carnegie, *Cómo ganar amigos e influenciar a las personas* (Barcelona, Editorial Vintage, Random House, 2010), p. 31.

105 **«Los participantes que fueron tratados»:** Christine Porath y Christine Pearson, «The Price of Incivility: Lack of Respect Hurts Morale—and the Bottom Line», in *Everyday Emotional Intelligence: Big Ideas and Practical Advice on How to Be Human at Work* (Cambridge: Harvard Business Review, 2018), eBook.

106 **«las personas que habían sido testigos»:** Porath y Pearson, «The Price of Incivility».

110 **«ahora, casi todas las investigaciones indican»:** Gary Chapman, *Anger: Taming a Powerful Emotion* (1999; reimpr. Chicago: Moody, 2015), p. 86.

111 **«Si hablas cuando estás enojado»:** La autoría de esta expresión no puede ser determinada definitivamente, pero un autor probable es Groucho Marx, a quien se atribuye haber dado consejo a un concursante en un programa de televisión. Ver «Habla cuando estás enojado y será el mejor discurso del que algún día te arrepientas», Quote Investigator, 17

mayo 2014, https://quoteinvestigator.com/2014/05/17/angry-speech/.

113 «Un día, el Viento y el Sol»: Fábulas de Esopo, por Joseph Jacobs, vol. 17, parte 1, Harvard Classics (Nueva York: P.F. Collier & Son, 1909–14); Bartleby.com, 2001.www.bartleby.com/17/1/.

115 «Si vamos a ser sinceros con nosotros mismos»: Lysa TerKeurst, *It's Not Supposed to Be This Way: Finding Unexpected Strength When Disappointments Leave You Shattered* (Nashville: Nelson, 2018).

118 «Si hay algún secreto para tener éxito»: Henry Ford, «How I Made a Success of My Business» *System,* noviembre, 1916.

118 cuando escuchamos una historia: Brené Brown, *Rising Strong: How the Ability to Reset Transforms the Way We Live, Love, Parent, and Lead* (Nueva York: Random House, 2015), p. 6. [*Más fuerte que nunca* (Madrid, Editorial Urano, 2016)].

118 «En ausencia de datos»: Brown, *Rising Strong*, pp. 79-80. [*Más fuerte que nunca* (Madrid, Editorial Urano, 2016)].

CAPÍTULO 8: RECUPERA LOS CONTROLES

125 «¡R2, sácanos de este piloto automático!»: *La Guerra de las galaxias: Episodio 1—La amenaza fantasma*, dirigida por George Lucas (1999; 20th Century Fox Home Entertainment, 2005), DVD.

125 «Somos lo que hacemos repetidas veces»: Will Durant, *La historia de la filosofía* (México D.F., Editorial Diana, 6.ª impresión, 1994), p. 109.

128 «Okey, Google»: Estas son las respuestas que Alexa me dio cuando escribí este libro.

128 «las investigaciones sugieren que nuestro rango de habilidades emocionales»: Daniel Goleman, Richard Boyatzis y Annie McKee, «Primal Leadership: The Hidden Driver of Great Performance», en *Inteligencia Emocional* (Madrid, B de Bolsillo, 2018).

130   Según una investigación de la Universidad Duke: David T. Neal, Wendy Wood y Jeffrey M. Quinn, «Habits—A Repeat Performance», *Current Directions in Psychological Science* 15, n.o 4 (2006), p. 198.

132   Los estadounidenses gastamos hasta cinco horas al día: Sarah Perez, «US Consumers Now Spend 5 Hours per Day on Mobile Devices», TechCrunch, 3 marzo 2107, https://techcrunch.com/2017/03/03/u-s-consumers-now-spend-5-hours-per-day-on-mobile-devices/.

132   *60 Minutos* llevó a cabo un estudio: Anderson Cooper, «Brain Hacking», *60 Minutos*, 9 abril 2017, transcripción disponible en https://www.cbsnews.com/news/brain-hacking-tech-insiders-60-minutes/.

133   «golpes alegres de falso-placer»: Paul Lewis, «"Our Minds Can Be Hijacked": The Tech Insiders Who Fear a Smartphone Dystopia», *Guardian*, 6 octubre 2017, https://www.theguardian.com/technology/2017/oct/05/smartphone-addiction-silicon-valley-dystopia.

134   «Leía en siete idiomas»: David McCullough, *The American Spirit: Who We Are and What We Stand For* (Nueva York: Simon and Schuster), p. 27.

135   «Sostenemos que estas verdades son evidentes por sí mismas»: Declaración de Independencia, 1776.

137   «En algún momento, en algún lugar a lo largo de la línea», McCullough, *American Spirit*, p. 42.

137   cuarenta y dos por ciento más de probabilidades de lograrlos: Mary Morrissey, «The Power of Writing Down Your Goals and Dreams», *Huffington Post*, actualizado 6 diciembre, 2017, https://www.huffingtonpost.com/marymorrissey/the-power-of-writing-down_b_12002348.html.

137   ganan nueve veces más: Mark Milotay, *Practical Goal Setting: A Guide for Real People Who Want to Live Unreal Lives* (s. n.: CreateSpace, 2013), pp. 5-6.

CAPÍTULO 9: COMIENZA ANTES DE QUE ESTÉS LISTO

139 **La forma de comenzar:** Dave Smith, *The Quotable Walt Disney* (Nueva York: Disney Editions, 2001), p. 246.

140 **Un físico llamado Hans van Leeuwen:** Sean Treacy, «Dominoes: More Powerful Than You Think», *Inside Science*, 30 enero 2013, https://www.insidescience.org/news/dominoes-more-powerful-you-think.

140 **Me encontré con una historia fascinante:** Nikola Slavkovic, «A Piece of Paper as Big as the Universe!» 10 junio 2014, YouTube video, 2:34, https://www.youtube.com/watch?time_continue=69&v=AAwabyyqWK0

142 **si intentas doblar una hoja de papel:** *MythBusters*, «Auto bajo el agua», temporada 5, episodio 3, transmitida 25 enero 2007 en Discovery Channel, presentando a Tory Belleci y Kari Byron.

143 **Y si pudieras alcanzar 103 pliegues:** «How Many Times Can You Really Fold a Piece of Paper in Half?», Relativamente Interesante, 6 agosto 2015, http://www.relativelyinteresting.com/how-many-times-can-you-really-fold-a-piece-of-paper-in-half/.

144 **«El bien y el mal aumentan»:** C. S. Lewis, *Mero cristianismo* (Nueva York: HarperOne, 2014), p. 57.

149 **«Tú puedes ser tan bueno como quieras serlo»:** «Citas famosas por Vince Lombardi», Vince Lombardi (sitio web), http://www.vincelombardi.com/quotes.html.

149 **«Una vez que te hayas cmprometido»:** «Citas famosas».

149 **«Mientras más trabajes»:** «Citas famosas».

150 **«Cada vez que alguien hace un cambio importante»:** Bernard Roth, *The Achievement Habit: Stop Wishing, Start Doing, and Take Command of Your Life* (Nueva York: HarperCollins, 2015), p. 105 [*El hábito del logro (Nueva York, Penguin Random House, 2017)*].

151 **«Si puedes descomponer un hábito»:** Charles Duhigg, *The Power of Habit: Why We Do What We Do in Life and Business* (Nueva York: Random House, 2012), pp. 20, 62. [*El poder de los hábitos* (Barcelona, Editorial Urano, 2012)].

CAPÍTULO 10: EL JUEGO ANTES DEL JUEGO

157 «Finalmente le dijeron que siguiera adelante»: Tom Wolfe, *The Right Stuff* (Nueva York: Picador, 1979), p. 198. [*Lo que hay que tener (Madrid, Editorial Anagrama, 2010)*].

164 En su libro *10-Minute Toughness: Jason Selk*, 10-Minute Toughness: The Mental Training Program for the Winning Before the Game Begins (s. n.: McGraw-Hill, 2009), pp. 23-24.

166 la charla TED de Amy Cuddy: Amy Cuddy, «Your Body Language May Shape Who You Are», TEDGlobal 2012, Edinburgo, Escocia, junio 2012, https://www.ted.com/talks/amy_cuddy_your_body_language_shapes_who_you_are?language=en.

167 Los investigadores han descubierto que las personas responden: Sebastien Gendry, «Urban Myth: It Takes More Muscles to Frown Than to Smile», Laughter Online University, 24 abril 2018, http://www.laughteronlineuniversity.com/true-false-takes-43-muscles-frown-17-smile/.

167 Ver a alguien con expresiones faciales: David E. Nielson, *The 9 Dimensions of Conscious Success: It's All About YOU!* (Shippensburg, PA: Sound Wisdom, 2018), p. 163.

168 En un estudio en Francia: Travis Bradberry y Jean Graves, *Emotional Intelligence 2.0* (San Diego: TalentSmart, 2009), pp. 114-15.

CAPÍTULO 11: NUNCA PONGAS A UN CABALLO A PELEAR CONTRA UN TANQUE

175 «cuando venga el Espíritu Santo... recibirán poder»: Hechos 1.8.

186 «Satanás tiembla cuando ve»: William Cowper, «What Various Hindrances We Meet», *Olney Hymns* (Londres: W. Oliver, 1779), n.° 60.

187 El programa de televisión *MythBusters* se llamado originalmente: Gary Strauss y USA Today, «MythBusters Is the Stuff of Legends, Tall Tales» *ABC News*, 20

enero 2008, https://abcnews.go.com/Technology/
story?id=4160444&page=1.

CAPÍTULO 12: ÁGUILAS Y MARIPOSAS

189 «Los errores no son necesariamente malos»: Ed Catmull
con Amy Wallace, *Creativity, Inc.: Overcoming the Unseen
Forces That Stand in the Way of True Inspiration* (Nueva
York: Penguin, 2014), eBook.

192 Si hubiera una sola oración: Charles Spurgeon, «La
excelencia superlativa del Espíritu Santo», 12 junio 1864.

192 La iglesia hoy es débil: Charles Spurgeon, «Recibiendo el
Espíritu Santo», 13 julio 1884, https://www.spurgeongems.
org/vols28-30/chs1790.pdf.

CAPÍTULO 13: UN VIAJE AL BASURERO

207 «repletas de toda clase de desechos»: Roberto A. Ferdman,
«What Happens to a City When Its Street Cleaners Go on
Strike», Quartz, 13 noviembre 2013, https://qz.com/146902/
what-happens-to-a-city-when-its-street-cleaners-go-on-strike/.

211 «No debo asumir nunca que un pecado es tan pequeño»:
Andrew A. Bonar, ed., *Memoir and Remains of the
Rev. Robert Murrary McCheyne* (Filadelfia: Presbyterian
Board of Education, 1844), p. 182.

214 La torre del Milenio de San Franciso y sus casi doscientos
metros de altura: John Wertheim, «San Francisco's Leaning
Tower of Lawsuits», *60 Minutes*, transmitido 5 noviembre
2017, CBS, transcripción disponible en https://www.
cbsnews.com/news/san-franciscos-leaning-tower-of-lawsuits/.

CONCLUSIÓN

217 «Debo estudiar»: John Adams a Abigail Adams, 12
mayo 1780, edición electrónica, *Adams Family Papers:
An Electronic Archive*, Massachusetts Historical
Society, http://www.masshist.org/digitaladams/archive/

doc?id=L17800512jasecond. La forma original de escribirlo ha sido preservado.

217 **La figura del monarca ear de tres metros:** Bill O'Reilly y Martin Dugard, *Killing England: The Brutal Struggle for American Independence* (Nueva York: Henry Holt, 2017), p. 83.

218 **«Con cuerdas y barras»:** David McCullough, *1776* (Nueva York: Simon and Schuster, 2005), p. 137.

219 **con un as de espadas en sus cascos:** «Ace of Spades in the Vietnam War» por blogger, 14 noviembre 2013, http://www.military.com/video/operations-and-strategy/vietnam-war/ace-of-spades-in-vietnam-war/2838824484001.

227 **Un estudio encontró que experimentar:** Daniel Goldman et ál., *Harvard Business Review: On Emotional Intelligence* (Harvard Business Press, 2015).

227 **«La fuerza de la manada»:** Rudyard Kipling, *El segundo libro de la selva* (Madrid, Luarna, 2014), p. 46.

Acerca del autor

Levi Lusko es un autor de éxitos de librería, pastor de *Fresh Life*, una iglesia que se puede encontrar en varios estados del Oeste de los Estados Unidos como Montana, Utah, Wyoming y Oregón. Es fundador de la *Skull Church* y de *O2 Experience*. Levi viaja por el mundo hablando de Cristo. Se deleita con cosas pequeñas, como un café negro, un par de zapatos nuevos, la Internet rápida y echarse una siesta bajo el sol. Con su esposa, Jennie, tienen cuatro hijas: Alivia, Daisy, Clover y Lenya, que está en el cielo, y un hijo llamado Lennox.